Cuando el Espíritu llama a volar

Cuando el Espíritu llama a volar

«...como un águila
que agita el nido...»

Fernando Sosa

Cuando el Espíritu llama a volar
Por Fernando Sosa

La primera edición del presente libro fue publicada bajo el título *Excitando su nidada*.

Impreso en los Estados Unidos de América
ISBN 0-88419-609-7

Casa Creación
Strang Communications
600 Rinehart Road
Lake Mary, Fl 32746
Tel (407) 333-7117 - Fax (407) 333-7147
Internet http://www.strang.com

Dedicatoria

PARA NUESTRA preciosa hija Elisa.

Porque has sido fuente de felicidad para nosotros, deseando que lo que hoy has gustado del Espíritu Santo, el día de mañana se acreciente y sean ríos de bendición a tu generación.

Con cariño y amor,

tu mami y tu papi.

Índice

Introducción

NO ME CABE LA MENOR DUDA de que una de las controversias que ha empezado a fin de un milenio y comienzo de otro es sobre la bendita persona del Espíritu Santo y la diversidad de sus manifestaciones. He encontrado gente que tiene una profunda comprensión del Espíritu Santo, pero también me he topado con personas —incluyendo pastores— que no conocen nada acerca de Él. Por otra parte, he encontrado un pueblo católico sediento de conocer más sobre su Persona; esto me ha dejado con un buen sabor en la boca.

En México, por los años setenta, comenzó un mover del Espíritu Santo que excitó al pueblo católico carismático. De ese pueblo católico surgieron las iglesias más grandes, provocando celo y envidia entre grupos tradicionales cristianos. Hoy está sucediendo lo mismo y alabo a Dios por lo que va a provocar a principios del 2000, si es que el Señor Jesús no viene antes.

La excitación que el Espíritu Santo está provocando va en aumento en todo el mundo; cada vez hay más noticias de un lado a otro del Planeta de lo que el Espíritu Santo está haciendo. «Hay ruido», como dijo el profeta Ezequiel (Ezequiel 37.7). Siempre que el Espíritu Santo mueve sus alas hay ruido y viento poderoso (Ezequiel 37.9) y los muertos empiezan a vivir.

Este ruido comenzó en 1987, cuando un sudafricano, Rodney M. Howard-Browne llegó a los Estados Unidos.

Para 1989 el gozo y el vino del Espíritu Santo pegaban fuertemente a los norteamericanos. En 1990 Sudáfrica era conmovida, y por este hombre 65.000 personas venían a los pies de Cristo. En estos años, miles de norteamericanos han aceptado a Cristo. Australia ha sido arrasada por el Espíritu Santo a través de este evangelista, así como muchos otros países están recibiendo una fresca unción a través de las campañas de este hombre, donde suceden todo tipo de manifestaciones.

El 2 de mayo de 1996, en una convención pastoral en Cd. Juárez, Chihuahua, México, oí decir a John Arnott, de Toronto, Canadá, que acababa de pasar por su iglesia el visitante número un millón. ¡Un millón de personas de todo el mundo buscando un toque de Dios! ¡Y esto en tan sólo dos años! Asimismo, se tienen noticias de que 7000 iglesias anglicanas en Inglaterra han sido tocadas por las alas del Espíritu Santo.

En una ocasión encontré en el avión al pastor Aurelio Gómez Velázquez, líder de la Iglesia Tierra Prometida, en México, quien en este momento reúne cerca de 30.000 personas cada domingo. Él fue un sacerdote católico que Dios tocó cuando estaba aún en la fe romana. Ahora es un pastor que trabaja denodadamente para comunicar el verdadero evangelio de Jesucristo, ayudando a miles a abandonar la idolatría y caminar en por de Jesús. ¡Gloria a Dios!

Son tiempos emocionantes. Carlos H. Spurgeon, quien tuvo un ministerio impresionante por treinta y ocho años en la ciudad de Londres en la segunda mitad del siglo XIX —que marcó toda una era y de quien se ha dicho que su ministerio tuvo un éxito sin paralelo desde los días de Wesley y Whitefield— en su libro *Lo que el Espíritu Santo hace en la vida del creyente* escribe en el primer capítulo:

> *«El descenso del Espíritu Santo en Pentecostés es el modelo bíblico de lo que podemos esperar de su obra en la Iglesia en la actualidad. Recuerda que lo que el Espíritu Santo fue en el principio, lo es ahora, porque, como*

Dios, no puede cambiar. Por lo tanto, lo que Él hizo entonces, es capaz de hacerlo ahora, porque su poder no ha disminuido de ninguna manera. Como el profeta Miqueas declaró: "Tú que te dices casa de Jacob, ¿se ha acortado el Espíritu de Jehová?" (Miqueas 2.7). Contristamos grandemente al Espíritu Santo si suponemos que su poder es menor ahora que en el principio.

Pentecostés debe ser visto no como una pieza de la historia, sino como un hecho de gran relevancia para nosotros ahora.»

Spurgeon termina su primer capítulo casi gritando:

«¡Oh, Espíritu Santo! ¡Tú estás listo para obrar con nosotros ahora como lo hiciste entonces! ¡Por favor, obra en nosotros! Rompe cada barrera que impida la entrada de tu poder. ¡Sopla, sopla, oh Viento Sagrado! Consume todos los obstáculos, oh Fuego Celestial, y danos tanto corazones inflamados y lenguas de fuego para predicar tu Palabra. Por el amor a Jesús, amén.»

Cómo me impactan estas palabras salidas de lo profundo de su corazón:

¡Oh, Espíritu de Dios! Tú estás listo para obrar con nosotros.

La pregunta que me hago una y otra vez es si realmente esta generación está lista para recibirlo. ¿Estás tú listo, o te pasará por encima?

—FERNANDO SOSA

Capítulo 1

Excitando su nidada

EL TÍTULO DE ESTE LIBRO, en su primera edición, salió con el mismo título de este capítulo: *Excitando su nidada.* Eso surgió gracias a que un hombre de Dios, de Tucumán, Argentina, don Pablo Manzewitsch, visitó nuestra iglesia, Alcance Internacional.

Deuteronomio 32.11,12 dice:

> *«Como el águila que excita su nidada, revolotea sobre sus pollos, extiende sus alas, los toma, los lleva sobre sus plumas, Jehová solo le guió.»*

Allí habla sobre el revoloteo que la mamá águila realiza para preparar a su cría a fin de enseñarle a volar. Ese día la presencia de Dios era tan sublime que cada uno de nosotros estábamos tendidos con la boca en el piso, sintiendo cómo el Espíritu Santo revoloteaba sobre sus polluelos, los que solamente podían alzar sus picos para recibir en ese momento una gota de su gloria, y ser saciados.

Cuando nos pudimos incorporar, don Pablo se levantó para darnos esta cita y seguir alimentándonos con las palabras que el Espíritu de Dios ponía en su boca. Era el cántico de Moisés en nuestro corazón tocándonos. Allí dice:

> *«Goteará como la lluvia mi enseñanza; destilará como el rocío mi razonamiento; como la llovizna sobre la grama, porque el nombre de Jehová proclamaré.»*
>
> —Deuteronomio 32.2,3

¡Qué hermosa fue la excitación ese día! Él Espíritu Santo vino llevándonos en sus plumas y guiándonos para proclamar el nombre de Jesús con todo nuestro ser.

Hoy estamos viviendo días de gloria. Podemos sentir cómo Él nos toma, nos guía y alimenta como polluelos necesitados, hambrientos y sedientos de su amor. Qué glorioso es cuando Él, como el águila, viene y excita su nidada, llamándonos a volar. ¿Quién le podrá decir: «No muevas tus alas; por favor, no revolotees sobre nosotros»? No nos pertenecemos a nosotros mismos sino a Él solamente.

¿Quién le puede decir hoy: «¡No, no revolotees con tu viento; no excites a tu iglesia!»? ¿Quién se atreve a oponerse a que mueva suavemente sus alas y acaricie a sus polluelos, o quién se atreve a decirle que no agite sus poderosas alas y empuje a sus polluelos y los saque del confort en que se encuentran?

Yo te voy a decir quienes se oponen: aquellos que se han acomodado bajo su teología y sus razonamientos, tratando con ello de cubrir la iglesia; creen que esta les pertenece. Pero la iglesia, la nidada, le pertenece hoy al Espíritu Santo, y si Él quiere soplar fuerte, lo hará para sacar a los más valientes de sus polluelos, para que se atrevan a dar un salto sobre el viento. En ese momento Él vendrá y los pondrá sobre sus plumas.

¡Oh, qué maravilla que el precioso Espíritu del Dios viviente pueda tomarte en cada salto de fe que hagas para llevarte a las alturas inimaginables de su presencia!

Hay gente que, como los discípulos en la barca, se quedan mirando; pero los atrevidos como Pedro saltan en fe, entonces el Espíritu Santo los toma y los sostiene. Cuando esto sucede, hay maravillosos vértigos, subidas y bajadas en el corazón; cuando Él nos toma sobre sus preciosas alas, uno tiembla con una excitación cual alma jamás ha sentido; es la vibración en el espíritu.

Hoy los deportistas más atrevidos saltan de los puentes de gran altura, atados a una cuerda en su pie. Se arrojan al vacío para sentir algo de excitación, pero es más glorioso ser puesto sobre las alas del Espíritu Santo. Cuando te lanzas en oración callada al vacío de tu corazón, el Espíritu Santo responde inmediatamente para tomarte y levantarte, a fin de que saborees un poco de su gloria. ¡Oh, preciosa excitación, amor profundo y pleno!

A veces los polluelos sienten miedo de la lejanía del Consolador, pero como expresó el rey David:

> *«Yo habitaré en tu tabernáculo para siempre; estaré seguro bajo la cubierta de tus alas.»*
>
> —Salmo 61.4

En otras ocasiones los polluelos se sienten desfallecer de sed, como cuando el mismo David lo expresa en el Salmo 63.1,7:

> *«Mi alma tiene sed de ti ... Y así en la sombra de tus alas me regocijaré.»*

Hay un gozo profundo en el espíritu cuando vemos que Él se acerca con la sombra de sus alas, para cubrirnos del ardiente calor de las circunstancias que presionan, a fin de que su gozo sea en nosotros fortaleza (Nehemías 8.10b).

El Espíritu Santo hoy está excitando, tomando, guiando y revoloteando. Le pregunté un día: «¿Por qué haces estas cosas: la gente que se cae, quedando adormecida en el Espíritu (Daniel 10.2,9), riendo a carcajada abierta, temblando

(Jeremías 23.9), corriendo a una velocidad impresionante, como Elías (1 Reyes 18.46); sintiendo que se queman (Isaías 33.13,14; Hechos 2), caminando en cuclillas (Daniel 8.17,18), en éxtasis, teniendo visiones, sueños (Hechos 2), profetizando (Hechos 2), ebrios (Hechos 2), los demonios que salen de las personas, gente que se sana (Marcos 16.17), quedando paralizados (Lucas 4.30), como si estuvieran en un río nadando (Ezequiel 47), y un sinfín de cosas más?»

Él me contestó: «Porque me gusta; me deleito en ello.» Así de sencilla fue su respuesta, y comprendí que todo eso está sucediendo porque, sencillamente, a Él le gusta. Punto. Ningún hombre puede ni podrá por sí solo provocar esto, por muy talentoso, carismático o santo que sea. ¿Qué está sucediendo, entonces?

Él está excitando su nidada; como el águila, está llamándonos a volar.

Cuando una persona se siente emocionada por el deporte —como por ejemplo, el fútbol u otro— grita, corre, levanta los brazos, baila; todo porque su equipo anotó un gol. Él estadio se conmociona hasta parecer que las paredes tiemblan y que todo se vendrá abajo. Todo esto por una pelotita; la gente llora y toca las bocinas de sus autos porque su equipo acaba de ganar algún campeonato importante. ¡Se apasiona! Si todo esto es por algo vano y sin provecho, ¡cuánto más el hombre y la mujer lo harán cuando el Espíritu Santo revolotea, poniendo emoción y sabor a la vida cristiana, cuando pone pasión por Jesucristo! Debiéramos hacer lo mismo o más por el amor que el Espíritu Santo pone en nosotros por Él.

Esto es normal para el mundo, pero es anormal si sucede en la iglesia. Me acuerdo el primer día en que un paralítico se levantó en nuestra reunión: la gente estaba eufórica, emocionadísima y nadie podía detenerla. Así está sucediendo en la actualidad, y será más intenso en los años por venir. Nadie podrá parar a un pueblo excitado por el Espíritu Santo, eufórico por Jesucristo, loco por su amado Señor.

En los hechos de los apóstoles vemos a un pueblo excitado por lo que les había sucedido: el Espíritu Santo había venido sobre ellos, revoloteó sobre sus cabezas con fuego y lenguas. Esto lo demuestra Pedro al citar al profeta Joel:

> *«En los postreros días, dice Dios, derramaré de mi Espíritu sobre toda carne.»*
>
> —HECHOS 2.17

Ya me imagino a Pedro, totalmente ebrio, junto con los once, poniéndose en pie. ¿Por qué en pie? ¡Estaban en el suelo!; fácilmente lo podemos deducir. Y señalaba a los padres diciéndoles con gran autoridad:

> *«Vuestros hijos y vuestras hijas profetizarán; vuestros jóvenes verán visiones, y vuestros ancianos soñarán sueños.»*
>
> —HECHOS 2.17

Ya me imagino la cara de susto de aquella gente.

«¿Qué dice éste?» «¿Quién es?» «¿Será verdad?»

Mi secretaria, que tiene 62 años de edad, es más que una secretaria: es una sierva del Señor. Desde que comenzamos nuestro grupo ella ha estado ahí y ha seguido fielmente por todo estos años. Ella nos dice a mi esposa y a mí que si Dios nos mueve a otro lugar, quisiera irse con nosotros. Esto es ser fiel y leal. Hoy se encuentran pocas personas como ella. En estos años que el Espíritu Santo ha revoloteado por encima y dentro nuestro, ella ha profetizado como una Débora. Es una guerrera. A esta preciosa mujer Dios le ha hablado en sueños, y muchas veces nos ha prevenido de gente desleal e infiel. ¡Gracias a Dios por ella! Ojalá todo el mundo tuviera una secretaria como ella.

Cuando en los ochentas el Espíritu Santo empezó a mover sus alas de santidad, muchos líderes prominentes cayeron. Dios ha honrado a aquellos que estaban firmes y se sostuvieron, pero de ahí siguió moviendo sus alas hacia los que eran de apoyo. Se podría escribir un libro sobre la gente de apoyo al liderazgo que fracasó: líderes de música, ayudantes de pastor, administradores, secretarias, líderes de niños, etc. Desde gente de edad hasta jóvenes.

Para los que se mantuvieron fieles al Señor hay una promesa que el profeta Joel mencionó y que Pedro reafirmó en Pentecostés:

- Hijos e hijas profetizando.
- Jóvenes viendo visiones.
- Ancianos soñando sueños.
- Siervos y siervas teniendo un derramamiento del Espíritu Santo.

En nuestra iglesia hemos tenido jóvenes que vieron ángeles y que han permanecido como Zacarías, con mucho temor y mudos (Lucas 1.2, 20); otros vieron visiones y profetizaron; aun nos hemos sorprendido al ver niños ebrios por el Espíritu, profetizando, escuchando el canto de los ángeles, etc.

¡Me emociono al escribir esto! ¿Por qué? Porque esto es lo que desearon ver profetas y reyes, y ellos solo lo pudieron «saludar de lejos». Y pienso que, aun así, esto es el comienzo que está preparando uno de los movimientos más grandes del Evangelio, que ni este mundo ni la Iglesia ha conocido: ¡el derramamiento del Espíritu sobre toda carne!

Me emociono, porque he podido ver y gustar cada paso del Pentecostés, y lo subsecuente que pasó en los Hechos de los apóstoles. Pienso que aquellos días de Pentecostés quedarán cortos ante la gloria de Dios que vendrá. ¡Amado, prepárate! y anhela el Espíritu de Dios. Él te sorprenderá. Dile: «Tómame en tus alas y guíame».

Dios está sobre su pueblo con una excitación espiritual quenos ha dejado sorprendidos. Ya en los ochentas, en diferentes partes, Dios había levantado hombres con un poder tremendo. Por citar a uno de ellos: Carlos Annacondia. En noviembre de 1994 pudimos conocerlo con mi esposa en Quilmes, Argentina, gracias a un precioso amigo, Carlos Belart. Comimos con él y traté de preguntarle algunas cosas. Lo que me impactó fueron su sencillez y humildad. Muchas cosas se han dicho de él. Una de ellas es que lo llaman «la Joya del Evangelio» en Argentina, con un ministerio de poder impresionante para liberar, pero sobre todo, los cristianos surgidos en sus campañas permanecen dentro de alguna iglesia. Pienso que muchos «annacondias» saldrán en los próximos años para tomar a las naciones.

Él Espíritu Santo ha empezado a revolotear con más fuerza ya en los noventas, surgiendo gente como Benny Hinn, en Estados Unidos, Claudio Freidzon, en Argentina, Rodney M. Howard-Browne, en Sudáfrica, John Arnot, en Canadá, etc. Es como si la Iglesia estuviera despertando, excitada por el vino, despertando del sueño, del sopor, del espíritu de muerte.

El Salmo 78.65 nos habla de algo sorprendente en cuanto al Señor:

> *«Entonces despertó el Señor como quien duerme, como un valiente que grita excitado del vino.»*

Fíjate que menciona que el Señor se levanta gritando, y no solamente esto, sino que excitado por el vino. En el verso 66 menciona:

> *«E hirió a sus enemigos por detrás; les dio perpetua afrenta.»*

¿Por qué esto? Si leemos con detenimiento el Salmo 78, de Asaf, nos dice en el verso 5 que Dios había establecido testimonio y ley sobre Israel para que los padres notificasen a sus hijos, a la generación venidera y a los hijos que habrían de nacer (v.6). En el verso 7 dice que era para que pusieran su confianza en Dios y no olvidaran sus obras; en el verso 8 dice que el propósito era que no fueran una generación contumaz y rebelde, que no dispondría su corazón.

Si lees todo el Salmo te darás cuenta de que Dios no deseaba que olvidaran sus obras y sus maravillas; les recuerda que los ha guiado al dividir el mar, al guardarlos con la nube y el resplandor de fuego, dándoles de beber de grandes abismos, sacando de la peña corrientes y haciendo descender aguas como ríos (vv. 14-16). En el verso 17 dice: «Pero aún volvieron a pecar contra él, rebelándose contra el Altísimo»; y en 22-24 dice: «Por cuanto no habían creído a Dios, ni habían confiado en su salvación. Sin embargo, mandó a las nubes de arriba, y abrió las puertas de los cielos, e hizo llover sobre ellos maná para que comiesen, y les dio trigo de los cielos.»

Dios nos habla aquí de su gran bondad y de su abundancia para con su pueblo, no solamente Israel sino para nosotros también. Pero, ¿qué sucedía con ellos aun cuando los saciaba y les hacía cumplir su deseo (v. 29)? En el verso 32 dice: «Con todo esto, pecaron aún, y no dieron crédito a sus maravillas.»

Todo el Salmo lleva la misma secuencia. Bendición tras bendición y pecado tras pecado, hasta que se detiene en un punto: ¡entonces, despertó el Señor excitado!

Hoy por hoy estoy viendo a Dios gritando, diciendo:

«¡Basta! No se puede seguir así, mi pueblo no puede seguir como está, no puede seguir adelante de esta manera.» Es por esto que su Espíritu está excitando a su nidada, revoloteando sobre sus polluelos, tomándolos, despertando a su iglesia para edificar su santuario a manera de eminencia (v. 69). Y la manera en que lo está haciendo es gritando sobre su iglesia con excitación de vino. Así sucedió en Pentecostés: el Espíritu Santo vino a su iglesia, excitándola con vino: «Estos no están ebrios, como vosotros suponéis», dijo Pedro en Hechos 15. Y tal como vino en Pentecostés, así vendrá con mayor fuerza en estos tiempos que nos acercan al retorno del Señor Jesús.

Dios está gritando valientemente sobre su iglesia, excitándola, quitando lo adormecido para edificar un templo con eminencia. Él Espíritu Santo está revoloteando; oímos las alas de la paloma de Dios, oímos las alas de los ángeles sobre el pueblo de Dios, despertándolo a la realidad de un Dios viviente, no a una filosofía, doctrina o utopía sino a un Dios vivo, real, santísimo.

Dios parece decir: «Basta ya! Ahora me levantaré y revolotearé y gritaré sobre mis valientes, porque solo ellos pueden arrebatar el reino de los cielos» (Mateo 11.12, versión libre). Solo los valientes, los locos, los excitados por el vino.

Hay gente que me ha dicho: «Fernando, tus reuniones son una locura.» Yo les digo: «Efectivamente, porque estoy excitado por el vino del Espíritu Santo, loco por Cristo.» Mis amados, el mundo necesita ver un poco de locura en los cristianos: hemos sido demasiado cuerdos para el mundo. A Pablo le dijeron: «Estás loco, Pablo; las muchas letras te han vuelto loco» (Hechos 26.24). Le dijeron esto al defenderse ante Agripa. ¿Qué fue lo que comentó Pablo para que le dijeran estas palabras? Él había hecho el relato de cómo Jesús se le apareció en el camino. ¿Y qué dijo?

> *«Vi una luz del cielo que sobrepasaba el resplandor del sol, la cual me rodeó a mí y a los que iban conmigo. Y habiendo caído todos nosotros ... oí una voz ... Pero levántate, y ponte sobre tus pies ... No fui rebelde a la visión.»*
>
> —Hechos 26.13,14,16,19

Fíjate bien que era una locura, en lo natural, lo que Pablo decía en su defensa; pero era cuerdo en lo espiritual. Si hoy alguien te dijera: «¿Sabes? Tuve un encuentro con Jesús. Me caí al suelo; los que iban conmigo también, mi tío, mi abuelita, mi mamá... todos cayeron; además, nos rodeó una luz, la cual me dejó ciego por tres días, y no solamente eso sino que oí a Dios hablarme, diciéndome que me enviaba para librar a la gente de la potestad de Satanás y a guiarla a Dios. Y, ¿sabes? No voy a ser rebelde a la visión que Dios me ha dado.»

¿Qué pensarías de tal persona? Y además, si esto se lo dijera al gobernador, al alcalde o presidente de tu ciudad o nación. Yo te voy a decir lo que le diríamos:

—¡Estás loco!

En los Hechos de los Apóstoles vemos a gente muy «loca»: diez días encerrados, orando (Hechos 1). Pedro que se levanta y le dice a la gente las palabras de Joel, como excusa de lo que aconteció en Pentecostés (Hechos 2). Los golpeaban por hablar de Jesús, los llevaban a la cárcel, salían de ahí e inmediatamente regresaban a la plaza donde los habían atrapado para seguir predicando de Jesucristo (Hechos 4). Los azotaban, y salían de ahí a carcajadas, con el gozo del Señor en ellos (Hechos 5.40-42).

Esteban, con valentía, les decía a los principales de su tiempo:

> *«¡Duros de cerviz, e incircuncisos de corazón y de oídos! Vosotros resistís siempre al Espíritu Santo; como vuestros padres, así también vosotros.»*
>
> —Hechos 7.51

¿Qué hicieron? No les gustó su locura y lo mataron porque ellos eran «muy cuerdos». ¡Qué diferente era la gente de aquellos días a los cristianos de ahora! ¡Murieron por su fe! Hebreos 11.36-38 nos da un relato de estos locos por Cristo:

> *«Otros experimentaron vituperios y azotes, y a mas de esto prisiones y cárceles. Fueron apedreados, aserrados, puestos a prueba, muertos a filo de espada; anduvieron de acá para allá cubiertos de pieles de ovejas y de cabras, pobres, angustiados, maltratados; de los cuales el mundo no era digno; errando por los*

desiertos, por los montes, por las cuevas y por las cavernas de la tierra.»

Hoy a los cristianos les hace falta valor. Tenemos una juventud timorata, sin metas ni propósitos. He visto a gente que empezó gustando del Espíritu, con una unción fuerte, pero por no tener valor para decir lo que estaba sucediendo, su tiempo se fue. A otros que empezaron con gran éxito sin importarles lo que dijeran, ahora que ya tienen éxito por la unción que vino a ellos temen perderlo y se acomodan a la política cristiana, y no se dan cuenta de que esa unción que los ha llevado a otras partes fue para romper yugos y no para acomodarse a lo político. No seré rebelde a la visión, al llamado y a la unción que Dios me dio. Si usted estuviera ante alguna gente importante el día de hoy, ¿qué le diría?, tal vez callaría para que no pensaran mal de usted ¿verdad?

La Iglesia no puede seguir así, por eso es que Él está excitando a mucha gente dentro y fuera de ella. Dios va a causar un gran revuelo de polluelos en los últimos días como jamás pensó ningún cristiano.

Él Señor va a remover las cosas movibles, para que queden las inconmovibles (Hechos 12.27) ¿Y cómo lo va a hacer? Excitando su nidada, revoloteando sobre sus polluelos, tomándolos sobre sus alas y guiándolos.

Doy gracias a Dios porque mi espíritu ha sido conmovido y excitado muchas veces por el Espíritu Santo, en oración o en una reunión. A veces Él desciende sobre mí con su preciosa presencia, pudiendo permanecer en oración continua un largo tiempo. En ocasiones ha ido sobre mucha gente, dejándonos bajo su nube de gloria. ¡Oh, jamás cambiaré mi preciosa locura por algunos necios que se levanten en contra! ¡Cuando has gustado de su gloria, no puedes ser el mismo!

Creo firmemente que la alabanza de hoy día, las acciones de gracias, los gritos de júbilo, el gozo, la alegría, el vino de Dios, son meras gotas, en preparación para los torrentes, el diluvio de su gloria que cubrirá toda la tierra.

Me he dado cuenta de que la forma en que está ahora su pueblo no puede soportar la gloria de Dios con más intensidad, porque Él es un Dios Santo.

El movimiento que vemos ahora en la tierra es sólo la excitación del Espíritu de Dios despertándonos, preparándonos para llevarnos más profundo bajo su gloria.

> *«Cosas que ojo no vio, ni oído oyó, ni han subido en corazón de hombre, son las que Dios ha preparado para los que le aman.»*
>
> —1 CORINTIOS 2.9

Sé que hay crítica por este mover del Espíritu Santo. ¿Por qué? Porque hay gente que cantó, se gozó, tal vez profetizó y siguió igual. Entonces, dicen: «Ya ven...; ¿de qué sirve esto?» Pero por algunos no deben ser criticados todos los demás. Este ha sido el mismo comentario en mover tras mover del Espíritu Santo, avivamiento tras avivamiento. No te fijes en ellos; deja que el Espíritu Santo te transforme y cambie tu vida para conformarla a la de Cristo.

Dios se está moviendo para cautivar a su pueblo, para regresarlo hacia Él mismo.

Cuando Jesús fue al estanque de Betesda (Juan 5), la Escritura nos dice que el ángel de Dios revoloteaba sobre las aguas de vez en cuando, y al suceder esto la gente se movía desesperada. Puedo imaginarme los gritos de angustia, tal vez de temor, de confusión por todas partes; algunos tendrían júbilo, otros alegría, diciendo: «¡Yo lo vi! ¡Lo vi! ¡Es cierto! ¡Las aguas se mueven y la gente sana!»

Mi amado, cuando el Espíritu de Dios extiende sus alas, la gente sana, hay gritos, alegría, a veces confusión por un desorden en lo natural, pero bien ordenado en lo espiritual; hay de todo y sucede de todo.

El Espíritu Santo se está moviendo en estos tiempos

para sanar interior y exteriormente al individuo; y esto es grandioso, pero hay otro mover del Espíritu Santo más profundo: es una ola para ser sumergidos más adentro; hay algo en mí que clama: ¡sí Señor; más profundo, por favor!

Una tremenda cosecha se avecina sobre toda Latinoamérica. Los templos e iglesias quedarán chicos por este gran mover de Dios. ¡Ya lo creo que sí!

Hoy hay una generación que está clamando: «Escóndeme bajo la sombra de tus alas» (Salmo 17.8); que grita: «¡Queremos más de ti! ¡Tómanos, por favor! ¡Llévanos a la cámara secreta, aceptamos tu visitación en la forma y gusto tuyos, no en los nuestros!»

Jesús un día gritó sobre Jerusalén:

> *«¡Jerusalén, Jerusalén, que matas a los profetas, y apedreas a los que te son enviados! ¡Cuántas veces quise juntar a tus hijos, como la gallina a sus polluelos debajo de sus alas, y no quisiste!»*
>
> —LUCAS 13.34

Fíjate que dice: «Cuántas veces ... y no quisiste». Así está haciendo Dios el día de hoy: llamando una y otra vez, tratando de reunirnos y acercarnos a Él primeramente, y después a unos con otros. El problema está en que no queremos reconocer el tiempo de su revoloteo sobre la Iglesia, sobre su pueblo.

Lucas 19.41-44 nos dice que Jesús vio a Jerusalén, y al verla lloró sobre ella, diciendo:

> *«¡Oh, si también tú conocieses, a lo menos en este día, lo que es para tu paz! Mas ahora está encubierto de tus ojos ... y te derribarán a tierra, y a tus hijos dentro de ti, y no dejarán en ti piedra sobre piedra, por cuanto no conociste el tiempo de tu visitación.»*
>
> —VV. 42,44

¡Pueblo, despierta! Hoy es el tiempo de nuestra paz. Él está tratando de reunirnos y juntarnos para hacer la fuerza más invencible que se haya levantado sobre esta tierra. Lo triste es que la gente no conoce que hoy es el tiempo de su visitación, el tiempo en que Él revolotea con sus alas sobre sus polluelos. No te quedes derribado en tierra junto con tus hijos perdidos, pensando que nada se puede hacer. ¡Hoy es el tiempo en que Él nos está visitando! Levántate y métete dentro de la visitación. ¡Conócela!; no te quedes pensando que Dios es siempre estático y que no se mueve. Por favor, Dios no se muda, pero tampoco se queda estático. Él ha levantado sus alas y las está moviendo sobre su pueblo. Como embajador de Jesús, en su nombre te pido que conozcas el tiempo de su visitación. No te quedes paralizado, pensando que ya conoces todo sobre Dios. Él único que se quedó como paralizado fue Satanás cuando Jesús le arrebató las llaves del infierno. No lo imites y empieza a moverte.

Al estar escribiendo este capítulo recibí el boletín de un buen amigo a quien admiro profundamente, don Alberto Motessi. He aquí lo que leí. Transcribo fielmente un discurso que él pronunció en uno de los eventos de jóvenes que está tomando un auge sin paralelo en Córdoba, Argentina, donde unos doce mil jóvenes se dieron cita.

Una de las noches de Córdoba 96, el hermano Alberto, antes de su mensaje, dijo: «Hoy estoy enojado con un periodista de esta ciudad.» Él tenía en su mano el periódico que había publicado ese día una nota sobre el Congreso, titulada: «Calles o playa de estacionamiento.» Lo único que decía la nota era que las calles vecinas al gimnasio donde celebrábamos el Congreso se habían visto saturadas en perjuicio de los vecinos.

Alberto siguió diciendo: «En primer lugar, queremos pedir perdón a los vecinos si les hemos perjudicado con tanta gente y automóviles. Se me ocurre que será así en grandes eventos deportivos también.

»Lo que me molesta es que el periodista no haya informado nada acerca del evento. ¡Qué pena! Argentina, con 1.800.000 alcohólicos, merecías que esta mañana tu periódico dijera que aquí había miles de jóvenes que abandonaron los vicios y luchan por una Argentina mejor.

»Argentina, que en tus últimos cinco años multiplicaste por cuatro el número de adolescentes embarazadas menores de 16 años, merecías que tu periódico dijera que aquí hay miles de jóvenes vírgenes y otros que, aunque perdieron su virginidad, por causa de haberse entregado a Cristo, están viviendo hoy una segunda virginidad.

»Córdoba, que anoche, de acuerdo a tu periódico, en tus calles fueron apresados por la policía sesenta prostitutas y travestis, merecías que tu periódico dijera que aquí en el congreso hay 10.000 ó 12.000 jóvenes que viven una vida de pureza y que van a construir un mundo mejor.»

Alberto terminó diciendo en forma profética: «Esto va a cambiar. Un día nos levantaremos, y mientras tomamos el café, al abrir las páginas del periódico, en la primera plana, como un gran titular, leeremos: "La gloria de Dios lleno la República Argentina, y América Latina está siendo sacudida por un gran avivamiento."»

La multitud estalló en un gran aplauso y luego prosiguió un tiempo de profunda adoración.

Esto último que dijo Motessi es lo mismo que yo creo: los cristianos nos vamos a levantar y ocuparemos los encabezados de los periódicos por el sacudimiento que vendrá a nuestro planeta. Esto se deberá a que Él está moviendo sus poderosas alas, revoloteando sobre su nidada y provocando la excitación más tremenda que un cristiano haya experimentado jamás.

¡Oh, por favor; extiende tus preciosas alas, Espíritu de amor! ¡Ven y llénanos con tu presencia apasionante. Revolotea sobre esta generación y únenos a ti, para la gloria de Jesús!

Capítulo 2

Concibiendo del Espíritu

HACE UNOS DIECIOCHO AÑOS atrás con mi esposa clamábamos a Dios por una hija. Queríamos una niña, pero la situación de mi esposa no era nada estable y un embarazo era algo difícil por el riesgo de su vida. Tenazmente orábamos al respecto, y a través de los ojos de la fe la podíamos mirar. Si Abraham y Sara habían esperado veinticinco años y por la fe concibieron, ¿por qué nosotros no, si teníamos las misma promesas que le fueron dadas a Abraham? (Gálatas 3.14).

Nueve años y medio después veríamos, felizmente, el cumplimento de su promesa: nació Elisa, una hija de promesa. Desde que mi esposa quedó embarazada y luego dio a luz, para nosotros todo cambió radicalmente.

Después de estar años en espera, yo me sentía embarazado junto con mi esposa: el rostro se me llenó de manchas («paño», se dice en México). Tenía mucha hambre y antojo de hamburguesas McDonalds. Sé que no soy el único hombre que ha sentido esto, porque somos un cuerpo con nuestra esposa. Realmente estaba embarazado, y recién cuando mi esposa dio a luz fue que mi cuerpo, alma y espíritu descansaron.

En la vida espiritual esto llega a suceder con nuestro

espíritu, y se refleja en el alma y el cuerpo.

Si tu espíritu concibe por el Espíritu Santo la vida de Jesucristo, se reflejará en tu alma y en tu cuerpo, y tu vida cambia radicalmente.

Déjenme explicarlo de otra manera. En Mateo se nos dice:

> *«El nacimiento de Jesucristo fue así: Estando desposada María su madre con José, antes que se juntasen,* se halló *que* había concebido del Espíritu Santo. *José su marido, como era justo, y no quería infamaría, quiso dejarla secretamente. Y pensando él en esto, he aquí un ángel del Señor le apareció en sueños y le dijo: José, hijo de David, no temas recibir a María tu mujer, porque lo que en ella es* engendrado, *del* Espíritu Santo es. *Y dará a luz un hijo, y llamarás su nombre Jesús.»*
>
> —MATEO 1.18-21,ÉNFASIS AÑADIDO.

¡Cómo me ayudan estas palabras! Están llenas de lo milagroso. En primer lugar se halló que había concebido por el Espíritu Santo. Ser hallado por el Espíritu Santo es lo más precioso que uno pueda experimentar, pero concebir de Él es lo que hace la diferencia entre la unción de una persona y la experiencia de otro a través de un toque, o simplemente una transmisión de la unción.

Hoy la gente va por todos lados buscando desesperadamente un toque de la unción, para recibirla de alguien en vez de recibirla del Espíritu Santo. Cuando esta transmisión se les termina, van con aquel que concibió para recibir otro toque o transmisión; volviéndoseles a agotar o secar, vuelven al mismo proceso.

Es muy diferente en aquellos que han concebido del Espíritu Santo. Estos viven en el Espíritu, caminan en el Espíritu, desean las cosas del Espíritu, tienen la mente del Espíritu y de esta manera se vuelven una fuente para otros. Las gentes e iglesias que caminan con un toque o transmisión dependen siempre de aquellos que concibieron.

Miremos a María en Lucas:

> «*En aquellos días,* levantándose *María, fue de prisa a la montaña, a una ciudad de Judá; y entró en casa de Zacarías, y saludó a Elisabet. Y aconteció que cuando oyó Elisabet la salutación de María, la criatura* saltó en su vientre*; y Elizabet fue* llena del Espíritu Santo.»
>
> —LUCAS 1.39-45, ÉNFASIS AÑADIDO.

¡Qué increíble esto! ¿Lo puedes ver? Me puedo imaginar a María llena del Espíritu Santo, con la vida de Jesús en ella, levantándose. Esto es lo que hace el Espíritu Santo en nosotros: pone su energía para levantarnos e ir a la montaña. La iglesia y sus pastores necesitan concebir para levantarse e ir a las montañas de la oración y compañerismo. La puedo mirar llegando a casa de Zacarías y Elisabet, ya entrados en años pero felices por su embarazo, por el cual darían a luz al hombre y profeta más grande nacido de mujer, y a María diciéndoles: «¡Hola! ¡Ya llegué! ¿Cómo están?» Y en ese momento, la criatura *salta* y Elisabet es llena del Espíritu Santo.

Cuando has concebido y llegas a un lugar, la gente empieza a saltar, a brincar y son llenos del Espíritu Santo.

Él verso 44 nos dice lo que Elisabet dijo:

> «*Porque tan pronto como llegó la voz de tu salutación a mis oídos, la criatura* saltó de alegría *en mi vientre.*»
>
> —ÉNFASIS AÑADIDO.

Fíjate que dice «saltó de alegría». Si esto fue un bebé en el vientre de una mujer, ¿no crees que los bebés en las iglesias empezarán a saltar de alegría por alguien que llega lleno del Espíritu Santo?

He asistido a diferentes lugares y, a veces, al sólo dar una salutación o una oración, los bebés empiezan a tener el gozo del Espíritu. Me he fijado también que los que empiezan son los bebés y no los que tienen muchos años en el cristianismo. ¿Por qué? Porque los bebés no tienen su cabeza llena de tantos conocimientos ni orgullo, ni mentes llenas de razonamiento. He visto gente que llega por primera vez a nuestros congresos del Espíritu Santo, reciben a Jesús, e inmediatamente empiezan a saltar de alegría y a reírse con carcajadas que dejan paralizados a los que tienen más tiempo de ser cristianos.

Lo que el Espíritu Santo provoca en nosotros es levantarnos rápidamente e ir de prisa a comunicar la vida de Jesús (v. 39), y mientras se avanza, la gente exclama a gran voz (v. 42) y salta de alegría (v. 44).

Déjame explicar la concepción de otra manera. Santiago 1.14-15 nos dice:

> «*...sino que cada uno es tentado, cuando de su propia concupiscencia es* atraído *y* seducido. *Entonces la concupiscencia, después que ha* concebido, *da a luz el pecado; y el pecado, siendo consumado,* da a luz *la muerte.*»
>
> —ÉNFASIS AÑADIDO.

Fíjate en estos pasos que hay dentro de alguien que es atraído en alma y cae en pecado:

- Primero: es atraído.
- Segundo: es seducido.
- Tercero: concibe.
- Cuarto: da a luz.

Estos pasos son dentro del alma, y lo mismo que sucede para el cuerpo ocurre con el espíritu.

Primero, nuestro espíritu es atraído por el Señor a través del Espíritu Santo. El libro de Cantares, dice:

> «*Atráeme; en pos de ti correremos.*»
>
> —CANTARES 1.4

El Espíritu Santo nos atrae y nuestro espíritu empieza a correr en pos de Él. Hay un primer amor; el estómago siente mariposas, parece que nada nos importa y se nos olvidan las cosas. A veces, en este punto, hacemos cosas que pensamos que no haríamos jamás. Somos capaces de lo imposible por este amor. No nos importa aun lo que diga la gente. Hay una fuerza íntima y una valentía inigualables. En este punto no nos importa lo que digan los familiares o los amigos: sencillamente estamos atraídos y enamorados.

Desgraciadamente, hay cristianos que pierden esta atracción y enamoramiento y se vuelven pasivos, como si la energía se hubiera ido y no se dan cuenta que es solo el principio. Este es el estado en que la Iglesia se encuentra normalmente, y nadie le ha dicho que hay *más, más* y *más*.

Segundo: más adelante, el versículo de Cantares nos dice:

> *«El rey me ha metido en sus cámaras.»*
>
> —CANTARES 1.4

El Señor nos lleva hasta sus cámaras secretas de amor. Ahí exclamamos: «Nos gozaremos y alegraremos en ti.»

Esto sucede al ser tocados por Él. Nuestra vida se estremece y hay una sensación de bienestar porque Él nos ha seducidos. Como dijo el profeta Jeremías, «Me sedujiste, oh Jehová, y fui seducido» (Jeremías 20.7).

Es increíble sentir en nuestro ser las alas de amor del Señor, su amor pasando por cada una de las fibras de nuestro ser, espíritu, alma y cuerpo. Es en este punto cuando a uno le suceden cosas raras: gozo, alegría, temblor, conmoción, así como el caer en el Espíritu, en los brazos del Señor, para recibir profunda paz. Pero también suceden otras cosas en la vida del cristiano que llega a este punto.

Como dice la segunda parte de Jeremías 20.7, después

de decir que fue seducido:

> *«Cada día he sido escarnecido, cada cual se burla de mí.»*

Es entonces cuando la gente no entiende de lo que uno habla y nos dicen que estamos locos; no se dan cuenta que a «Dios le agradó salvarnos por la locura de la predicación». Uno empieza a decirle a la gente que la comunión con el Espíritu Santo es diferente a las estructuras y las religiosidades, y que hay más experiencias y deleites en su presencia. En las cámaras del Rey es donde empezamos a gustar más íntimamente al Señor Jesús. Jeremías 23.18 nos dice:

> *«Porque ¿quién estuvo en el secreto de Jehová, y vio, y oyó su palabra? ¿Quién estuvo atento a su palabra, y la oyó?»*

Y en el verso 22 sigue diciendo:

> *«Pero si ellos hubieran estado en mi secreto, habrían hecho oír mis palabras a mi pueblo, y lo habrían hecho volver de su mal camino, y de la maldad de sus obras.»*

Es aquí, en lo secreto de sus cámaras, donde hay revelación de su Palabra. Su Palabra es viva y no muerta, es espíritu y vida (Juan 6.63). Aquí es donde el Espíritu Santo da vida a las palabras de Jesús. De pronto, en lo secreto de su presencia lo escuchas decir: «Me gozo contigo», o «Estoy contento con lo que haces». A veces pequeñas palabras, pero vivas. En ocasiones uno siente su tristeza, su alegría o su amor y compasión. ¡Oh, hermano, son los momentos de su seducción!

Como dice el Amado, en Cantares 7.6:

«¡Qué hermosa eres, y cuán suave, oh amor deleitoso!»

Estos momentos en su secreto, en su cámara, son tan intensos y llenos de amor que, como dice el salmista:

> *«Todas tus ondas y tus olas han pasado sobre mí.»*
>
> —SALMO 42.7

¡Oh, jamás quisiera uno salir de su presencia! Puedes pasar horas de comunión y noches enteras de amor.

El rey David lo expresó de esta manera:

> *«Una cosa he demandado al Señor, esta buscaré; Que esté yo* en la casa *del Señor* todos los días *de mi vida,* para contemplar la hermosura *del Señor, y para inquirir en su templo.»*
>
> —SALMO 27.4, ÉNFASIS AÑADIDO.

Contemplar e inquirir es ir más allá de lo expresable, pero uno debe tener el deseo todos los días. Esto es lo que le gusta al Espíritu Santo.

Una vez le dije al Espíritu Santo: «Dime, ¿qué es lo que te gusta?» Lo que he aprendido es que a Él le gusta que todos los días estemos en su secreto, en su cámara, en comunión plena. Cuando estás en ese lugar no hay más temores e incertidumbres, aunque el mundo que te rodea te presione intensamente. La paz, el amor y el gozo del Señor vienen a ser tu protección, tu fortaleza, allí no hay estrés, solo amor intenso, plenitud de gozo y delicias a su diestra. ¿Por qué? Porque el Salmo 16.11 dice:

> *«En tu presencia hay plenitud de gozo.»*

Pedro retoma esta cita en Pentecostés y la menciona de esta manera: «Me llenarás de gozo con tu presencia.» Y después, cuando habla en el pórtico de Salomón acerca del hombre paralítico sanado, dice:

> «*Para que vengan de la presencia del Señor* tiempos de refrigerio.»
>
> —HECHOS 3.19B, ÉNFASIS AÑADIDO.

Desgraciadamente, la iglesia se ha quedado en el primer punto, en la atracción, y no quiere pasar de ahí, no quiere casarse con el Señor. ¿A qué novia virgen le da miedo la cámara secreta y no quiere el gozo de la intimidad con el Esposo, no desea su amor y sus caricias, no anhela los tiempos de frescura y refrigerio espiritual?

¡Oh, Espíritu Santo, empuja a tu pueblo, a la novia, y aparta su temor! No permitas que se quede en una relación de doncella o concubina, sino en la de «paloma mía, y perfecta mía» (Cantares 6.9). Dinos:

> *«Dónde apacientas, dónde sesteas al mediodía; pues ¿por qué había de estar yo como errante junto a los rebaños de tus compañeros?»*
>
> —CANTARES 1.7

Fíjate bien que la persona de la que hablan esta citas de libro de Cantares somos tú y yo, que no nos conformamos con una relación de atracción. Somos los que no queremos estar como errantes junto a los rebaños de nuestros compañeros, hermanos y amigos, sino que deseamos ir más profundo en nuestra relación. No estamos conformes solo con ser atraídos; somos de aquellos que queremos disfrutar más en el Espíritu y no ser errantes en nuestra relación. Una doncella es atraída pero jamás puede tomar el lugar de la Esposa: «Paloma mía, perfecta mía.» ¡Eso jamás! Nunca podrá disfrutar de la seducción del Señor a través de su Espíritu.

Esto no se trata solo de una experiencia, como muchos

buscan, o de un toque de su unción o transmisión. No; se trata de la comunión íntima con el Espíritu Santo.

Hay pastores e iglesias que disfrutan de una atracción del Espíritu Santo por lo que Él está realizando. Recibieron gozo, cayeron en el Espíritu, recibieron fuego o vino de Dios, quizás hasta temblaron. Pero hoy vas a sus iglesias y están igual de frías que antes de la experiencia. ¿Por qué? Porque solo fueron atraídos por una experiencia y no se dieron cuenta de que esta atracción debía llevarlos más adentro, a una seducción plena, a una comunión íntima con el Dios eterno. ¿Por qué recayeron en su frialdad? Porque conocieron acerca de una experiencia, de una transmisión de unción, pero jamás se les enseñó a conocer al Espíritu Santo, cómo intimar con Él, jamás fueron saciados de la grosura de su casa, ni conocieron del torrente de sus delicias, ni permanecieron en el Manantial de Vida (Salmo 36.8,9)

Por lo que a mí respecta, puedo decir junto con el rey David:

> *«Mi corazón ha dicho de ti: Buscad mi rostro. Tu rostro buscaré, oh Jehová; no escondas tu rostro de mí.»*
>
> —SALMO 27.8,9

El *tercer paso* es la concepción, después de que somos atraídos y seducidos, concebimos. Este es un paso más profundo. Los rebeldes e incrédulos jamás llegarán aquí. Cuando la virgen María le dijo al ángel: «¿Cómo será esto, pues no conozco varón?», el ángel le respondió:

> *«Él Espíritu Santo vendrá sobre ti, y el poder del Altísimo te cubrirá con su sombra; por lo cual también el Santo Ser que nacerá, será llamado Hijo de Dios.»*
>
> —LUCAS 1.34, 35

Entonces María responde: «He aquí la sierva del Señor; hágase conmigo conforme a tu palabra» (v. 38).

Aquí vemos cosas muy interesantes para que la virgen María pudiera concebir:

1. Reconoció que venía de Dios.
2. Dijo de ella misma que era una sierva de Dios; no su madre, sino la sierva.
3. Aceptó la voluntad de su Dios, su Señor.

Concebir del Espíritu es permitir su voluntad en nosotros, no la nuestra. Es llegar al punto de permitir su mente totalmente en nosotros. Como Jesús dijo: «Mi comida es hacer la voluntad del que me envió» (Juan 4.34). Es por esto que los rebeldes e incrédulos no podrán llegar a este punto. Aun el mismo ángel le respondió a María en el verso 37: «Porque nada hay imposible para Dios.»

Yo tenía veinte años de predicar el evangelio y Dios había hecho cosas interesantes: una que otra sanidad, nuestra iglesia había crecido a 1300 personas, había visto muchas liberaciones, en nuestro ministerio en los años setentas y ochentas la gente se caía en el Espíritu, pero cuando el Espíritu Santo vino sobre mí, me di cuenta de cuánta incredulidad todavía tenía. Inmediatamente empecé a pedirle perdón, porque no quería ofenderlo. Le empecé a decir: «Espíritu Santo, no quiero estorbarte. Haz lo que quieras; sé tú el pastor de esta iglesia, el Señor de ella, y haz lo que te plazca.»

Las cosas que he experimentado junto con mi iglesia han sido muy variadas y diferentes de lo que hubiera podido imaginar: el canto de los ángeles, visiones de ángeles volando alrededor de nuestra congregación, la espada del Espíritu Santo revolviéndose por el lugar y destrozando a los demonios, rompiendo ligaduras, etc. El tiempo y el espacio faltarían para contar las experiencias personales y congregacionales. Por ejemplo, ¿has oído llover sobre tu iglesia, cuando realmente no ha caído una sola gota? O ¿has visto caer una lluvia de oro fino? En fin, cosas no realizadas por hombres sino por el Espíritu Santo. «Lo que es imposible para los hombres es posible para Dios.»

Nuestra congregación ha aprendido algo más importante que las experiencias: ha buscado la comunión íntima con el Espíritu Santo. Hay veces que los cielos se han abierto y hemos podido permanecer horas en su presencia, sin querer irnos de allí. Es como si el tiempo se detuviera y a nadie le interesara. He visto a mi esposa permanecer cinco horas bajo la gloria de su presencia, boca arriba, sin moverse: ¿no es esto un milagro? Tal vez algún esposo, al leer este libro, pensará: «¡Dios...! ¿Por qué no dejas a mi esposa así por un mes...?»

La verdad es que no hay nada que pueda igualársele. Por eso Moisés pudo estar cuarenta días en el monte Sinaí sin querer bajar de ahí, hasta que Dios le dijo: «Ya vete, mientras tú gozas aquí, el pueblo se desenfrena haciendo un becerro de oro.»

¿Sabes?, concebir lo Santo, al Hijo de Dios en ti por la obra del Espíritu Santo, es maravilloso. Tenemos que entender que lo que ha venido a nosotros es Santo. Él Espíritu Santo es el que pone a Jesús en nosotros. Él mismo Jesucristo mencionó que cuando Él viniere (hablando del Espíritu Santo)

> «*En aquel día vosotros conoceréis que yo estoy en mi Padre, y vosotros en mí, y yo en vosotros.*»
>
> —JUAN 14.20

El Espíritu Santo es el que nos hace conocer que Jesucristo está en nosotros. Así como trajo a Jesús al vientre de María, de la misma forma el Espíritu Santo trae a nosotros a Jesús.

Cuando el ángel se le apareció a José en sueños, le dijo:

> «*José; hijo de David, no temas recibir a María tu mujer, porque lo que en ella es engendrado, del Espíritu Santo es.*»
>
> —MATEO 1.20

Concebir del Espíritu Santo es de lo más extraordinario que pueda suceder en la vida del cristiano. Uno ya no quiere pecar, porque lo que uno trae es santo. La vida de santidad de Dios empieza a fluir desde el interior, sin esfuerzo, simplemente uno se aparta del mundo. Como María, que fue y se apartó a la casa de Elisabet por tres meses (Lucas 1.56). ¿Qué es esto? Es cuidar de lo que Dios nos ha dado, viviendo una vida en pureza, haciendo la voluntad de Dios. Entonces ya no solamente es Dios *con* nosotros sino Dios *en* nosotros.

El hallar que hemos concebido del Espíritu Santo trae cambios importantes en nuestra vida:

- Tu carácter empieza a cambiar.
- El deseo de hacer su voluntad y vivir en santidad se hace cada vez más fuerte. Mientras crece la vida de Jesús en ti no te dan deseos de pecar. Ahora te cuidas de lo que oyes y miras.
- Te hace un cristiano real.

Sentirse embarazado por el Espíritu Santo es increíble, y si vamos más allá, más profundo, Él puede traer a ti la concepción de tu ministerio, de la iglesia grande que deseas construir, o te puede embarazar con la visión de una nación rendida a los pies de Jesús.

Evan Roberts fue usado en el avivamiento de Gales en 1904. Él le dijo a su mejor amigo, cuando este entró a la recámara de oración de Evan y vio la luz de la gloria de Dios en su rostro: «¿Podrías creer que Dios me dará 100.000 almas convertidas?» Evan Roberts estaba embarazado de la visión que el Señor Jesús le había dado. En dos años, 100.000 almas habían venido a los pies de Jesucristo. Esta es la gran diferencia de un toque o transmisión dada por alguien y una concepción del Espíritu Santo.

La gente está corriendo para que le transmitan la unción y esta pueda fluir en ellos. De hecho, empieza por la fe para recibirla. Entonces las cosas empiezan a suceder, pero después de un tiempo ya no sucede nada y corren por otro toque, por otra transmisión, porque el aceite se les terminó, como a las vírgenes insensatas que no supieron mantener sus lámparas con aceite. ¡Qué diferente es esta transmisión de un hombre a la concepción del Espíritu Santo! La fuente está en Él, no en un hombre u organización. Ahora bien, no podemos negar que hay gente que ha concebido después de haber recibido una transmisión, es decir que la concepción empezó con esa transmisión. Esto se da cuando la persona está dispuesta a pagar el precio de concebir, cuidar, guardar, dar a luz y todo lo que ello implica.

No está mal empezar con una transmisión, pero no te quedes ahí. Busca concebir del Espíritu Santo. Cuando concibes, vives en el Espíritu, caminas en el Espíritu, deseas las cosas del Espíritu y no las de la carne. El que concibe trata de cuidar lo que Dios le ha dado:

- Cuida con ternura la vida de Jesús en él.
- Glorifica a Jesucristo continuamente, con sus palabras y hechos.
- Se cuida de lo que oye y mira.
- Guarda su corazón, sabiendo que el amor de Dios ha descendido por el Espíritu que le fue dado (Romanos 5.5).

Esto es parte del vivir en la plenitud del Espíritu Santo. Hay una gran diferencia entre concebir y solo recibir una transmisión y quedarse ahí. Él que concibe del Espíritu Santo conoce al Espíritu Santo, conoce sus movimientos en él, en lo interior de su espíritu, y tarde o temprano llegará al punto en que la fuente de su ser se romperá para que fluyan las aguas del Espíritu de Dios. Cuando uno concibe no puede detener la fuente que se rompe. Cualquier mujer se da cuenta cuando la fuente ha sido rota y no lo puede evitar.

Génesis 7.11 dice:

> «*El año seiscientos de la vida de Noé, en el mes segundo, a los diecisiete días del mes,* aquel día fueron

rotas todas las fuentes del grande abismo, y las cataratas de los cielos fueron abiertas.»

—ÉNFASIS AÑADIDO.

La tierra y el cielo no aguantaron más el pecado de la humanidad. Si esto fue por el pecado, por el cual todo lo que respiraba murió, cuánto más no será antes de la venida del Hijo de Dios. Los cielos serán abiertos y las cataratas de los cielos, así como las fuentes de esta tierra, serán abiertas en favor de esta humanidad para ser cubierta por la gloria de Dios, cual las aguas cubren la mar.

«Porque sabemos que toda la creación gime a una, y a una está con dolores de parto hasta ahora.»

—ROMANOS 8.22

Las fuentes abiertas y los gemidos, uno después de lo otro. Hay gente que no ha llegado a este punto en su vida de oración: ¡gemir!, ¡gemir! Esto sólo es provocado por el Espíritu Santo. Jesucristo le dijo a Nicodemo: «Él que no naciere de nuevo, no puede ver el reino de Dios» (Juan 3.3).

Observa: primero hay una atracción, segundo una seducción, tercero una concepción y cuarto un nacimiento.

Después de la concepción, antes de dar a luz, se tiene que romper la fuente. Hay gente en la que su vida y corazón son tan duros que jamás correrán aguas de su fuente. Pero hay otros en quienes las aguas serán abundantes por su búsqueda en oración. Lo que sigue después de que se ha roto la fuente son las contracciones, los gemidos y los dolores de parto.

Romanos 8.23 nos dice:

«Y no sólo ella, sino que también nosotros mismos, que tenemos las primicias del Espíritu, nosotros también gemimos dentro de nosotros mismos, *esperando la adopción, la redención de nuestro cuerpo.»*

—ÉNFASIS AÑADIDO.

Recuerdo el día que fui a Costa Rica: el Espíritu Santo me tomó y empecé a gemir como con dolores de parto. Comencé a gritar: «¡Mis hijos, mis hijos, mis hijos!» Tenía dolores fuertes y gemidos intensos por esta nación tan preciosa que no conocía de la vida del Espíritu Santo; sabía que no era yo el que gritaba: era el Espíritu Santo en mí quien lo hacía. Esto es muy diferente a llegar como un héroe o un campeón a un lugar. Esto me dio una lección: no solo se trata de llegar a una nación o iglesia y dar una transmisión de la unción, sino de sentir lo que el Espíritu Santo siente, de concebir del Espíritu Santo para dar a luz su vida en un lugar o nación. Puede suceder que se llegue a un lugar y se dé sólo un poco o un toque de la unción, y después de marcharnos, todo acabe como si lo que el Espíritu Santo quería hacer se hubiera abortado. No es que Dios no se haya movido con poder, sino que no se les enseñó a *permanecer* en el Espíritu.

¿Cómo puede permanecer la unción sobre uno? Concibiendo del Espíritu. No te conformes con el primer toque o transmisión: concibe, deja que el Espíritu Santo te lleve a esta dimensión espiritual a través de la oración.

David dijo en el Salmo 5.1,2:

> «*Escucha, oh Jehová, mis palabras; considera* mi gemir. *Está atento a* la voz de mi clamor, *Rey mío y Dios mío, porque a ti oraré.*»
>
> —Énfasis añadido.

Por mucho tiempo me enseñaron y creí que el hablar en lenguas era gemir en el Espíritu. Ahora veo que quienes me enseñaron eso estaban equivocados. Gemir es muy diferente: es hacer lo que hace una mujer con dolores intensos de parto. Pablo los tuvo por la iglesia en Galacia. En Gálatas 4.19 nos dice lo que sufrió por esta iglesia:

> «*Hijitos míos, por quienes* vuelvo a sufrir dolores

de parto, hasta *que Cristo sea formado en vosotros.»*
—ÉNFASIS AÑADIDO.

A veces uno clama con gritos desgarradores y desesperados. En otras ocasiones lloramos con un clamor impresionante, como si estuviéramos siendo liberados. Es que el espíritu está siendo liberado para dar a luz la vida de Jesús, o lo que se concibió por el Espíritu Santo y que quiere que se produzca en la vida de lo natural. Yo creo que así fue en Pentecostés: la vida del Espíritu se dio a luz en aquellos 120. Hubo tanto ruido que toda Jerusalén se congregó en aquel aposento alto. Ahora bien, ¿cómo fue que los vieron, si todos estaban encerrados en el aposento? No dudo que algunos salieron corriendo por las escaleras, otros gritando como con dolores de parto, otros ebrios, otros sintiendo ser quemados por el fuego del Espíritu. La realidad es que cuando toda Jerusalén se congregó ahí, los 120 estaban en el suelo, porque Pedro, con los once, se puso en pie diciendo: «Éstos no están ebrios, como vosotros suponéis.» Yo he visto a gente ebria del Espíritu como en Pentecostés; algunos gritando, otros corriendo, otros que no se pueden levantar por días de lo mareados que están.

Tal vez tú digas: «¿Cómo lo sabes?» Por la experiencia. He visto cuando el Espíritu Santo viene con toda su fuerza y comienzan a suceder cosas increíbles; he visto a la gente gemir pidiendo la salvación de México y de América Latina, sufriendo dolores de parto para que Cristo sea formado en toda nuestra América Latina. Gimen horas y noches enteras, en oración, en ayunos prolongados, rogando, suplicando, intercediendo, gimiendo con dolores de parto por un derramamiento del Espíritu Santo.

Recuerdo que en julio de 1995 vinieron jóvenes de diferentes partes a visitarnos. Había personas de los Estados Unidos, Noruega, Puerto Rico, Costa Rica, México, etc. De pronto, el Espíritu Santo cayó sobre una joven del grupo Maranatha (creo que era de Puerto Rico) y empezó a gemir. Esto se generalizó y todos los que estábamos ahí pedimos gritando: «¡Señor, ten compasión de México!» Fue sobrenatural, sobrecogedor e impactante. El Espíritu Santo gemía a través de todos estos jóvenes y adultos congregados ahí, por la salvación de una nación, sufriendo dolores de parto.

David gemía, Pablo gemía. No solo lo menciona en Gálatas sino también en el libro de Romanos. En 8.26 dice:

> *«Y de igual manera el Espíritu nos ayuda en nuestra debilidad; pues qué hemos de pedir como conviene, no lo sabemos,* pero el Espíritu mismo intercede *por nosotros* con gemidos indecibles.»
>
> —Énfasis añadido.

Qué increíble: el Espíritu Santo ayudándonos en medio de nuestras imposibilidades y debilidades, intercediendo por nosotros con gemidos indecibles. Esto quiere decir que no hay explicación de lo indecible, no hay forma de darle alguna interpretación, a menos que sea con la experiencia. Tristemente, la iglesia no ha sabido llegar a este punto en su vida de oración privada o comunitaria, porque le da miedo o cree que es desorden.

¡Oh, Espíritu Santo! ¡Ven y tómanos a cada uno de nosotros y empieza e interceder con gemidos! ¡Oh, bendito Dios, por favor hazlo conmigo cuantas veces lo requieras y veas que alguna nación lo necesita!

En el verso 27 del mismo capítulo de Romanos, Pablo nos sigue diciendo:

> *«Mas el que escudriña los corazones sabe cuál es la intención del Espíritu, porque conforme a la voluntad de Dios intercede por los santos.»*

¡Qué tremendo! Mira lo que dice acerca de la intención del Espíritu Santo intercediendo por los santos, según la voluntad de Dios. Hay veces que, en oración, el Espíritu

Santo me urge a clamar al Padre: «¡Papito!», o «¡Abba, Padre! ¡Queridísimo Papito!» En otras ocasiones me impulsa a adorar y alabar a Jesucristo; otras veces me lleva a platicar con Él por largo tiempo. He empezado a conocer la intención del Espíritu Santo, a veces he llorado por largo tiempo y hasta se me olvida por qué empecé a llorar. Mi esposa y yo hemos experimentado el llorar juntos por una o dos horas, así como pasar juntos tres a cuatro noches sin poder dormir, diciéndole al Espíritu Santo: «Déjanos saber cuál es tu intención, cuál es tu voluntad.» ¿Usted lo puede explicar? Yo no, porque hay cosas que la razón, conocimiento y teoría no pueden explicar. ¿Quién puede explicar las cosas del Espíritu? Solo el Espíritu Santo.

El mismo Elías clamó por horas como una mujer dando a luz, metiendo su cabeza entre las rodillas, intercediendo y gimiendo para que la lluvia viniera sobre su tierra. Algunos creen que fueron siete horas, otros piensan que fueron siete días, porque dice la Biblia, en 1 Reyes 18.42-46, que siete veces hizo que su criado fuera y viera si la lluvia venía. Él tiempo que haya sido, siete horas o siete días, él tenazmente gimió y gimió, clamó y clamó, y a la séptima vez, el criado le dijo: «Veo una pequeña nube». Entonces la nube vino oscureciendo los cielos con *viento* y una *gran lluvia* (v. 44,45).

Las cataratas de los cielos fueron abiertas para el Elías de su tiempo. Así sucederá por la oración continua de gemidos y clamores espirituales, no sólo de gritos emocionales, sino del mismo Espíritu de Dios intercediendo con gemidos indecibles.

Después de que Elías gimió y clamó, se ciñó sus lomos y corrió delante de Acab. Esto es lo que sucederá para aquel que gime: correrá más rápido que los reyes o príncipes. Él Espíritu Santo lo tomará e impulsará a una velocidad sin precedentes.

Hace poco, en un Congreso del Espíritu Santo que celebré en el Estado de México, antes de que empezara a escribir este libro, un licenciado en Administración, siempre serio y formal, vio ángeles. Este hombre recatado salió corriendo a una gran velocidad, con los brazos extendidos y con cara de sorpresa y desesperación, tratando de seguirlos.

¡Oh, cuán maravilloso cuando los cielos se abren por los clamores de un pueblo! Se empieza a disfrutar la lluvia de bendiciones. Por lo menos en esta nación de México ya se está corriendo rápidamente con este mover del Espíritu Santo. Más y más pastores se están dando cuenta de que hay mucho, pero mucho más para su vida cristiana.

Te tengo una noticia: *¡nadie te va a parar!*

> *¡Oh, precioso Espíritu Santo! ¡Mueve tus alas de amor, porque como polluelos hambrientos y sedientos de ti gemimos para que nos tomes en tus alas y nos lances al viento de tu movimiento sin precedentes en la historia de la humanidad!*

Capítulo 3

El niño no les gustó

UNA VEZ QUE LOS DOLORES de parto sobrevienen, inmediatamente empieza una dilatación que parece eterna, pero en realidad es breve. Finalmente, damos a luz. Después de pasar por un tiempo de dolor, dar a luz parece que lleva mucho tiempo, pero en realidad no es así. ¿Qué quiero decir con esto? Que no hay que desesperarse: nadie puede detener el alumbramiento; este llegará y nadie lo podrá detener.

Yo he concebido del Espíritu Santo: Él ha venido y me ha cubierto con su sombra. He tenido dolores y de los fuertes. Tanto mi esposa como yo hemos sufrido desprecios de gentes que jamás nos han vuelto a hablar, que eran muy queridos para nosotros. ¿Por qué? Porque nuestro embarazo no les gustó, no les pareció bien la forma en que empezamos a caminar. Además, a nuestra propia familia no le pareció agradable nuestra forma de pensar y de ver las cosas. Peor fue cuando dimos a luz. ¿Por qué? *¡Porque el niño no les gustó!* Unos hubieran preferido que fuera tranquilo y muy ordenado, «bien peinado» y para nada gritón, que no los molestara en sus reuniones familiares, que fuera callado y, de preferencia, que durmiera todo el tiempo.

Pero no fue así; todo lo contrario: fue demasiado inquieto, demasiado gritón e incomodaba cualquier reunión a la que llegaba. Es por esto que ya no nos volvieron a invitar a las reuniones familiares y de buena amistad. Lo que dimos a luz les cayó mal. Veíamos que se tapaban los oídos cuando lloraba. Él bebé «olía bonito», a santidad, pero su olor, que era inocente, les fastidiaba. Hasta llegaron a decir que este bebé no provenía de Dios. No se daban cuenta que ofendían y contristaban al que lo había hecho concebir. Decían que sus sonrisas y movimientos de gozo solo podían proceder de padres metidos en «algo raro». Parecía que mientras más se reía más se molestaban.

Poco a poco se dieron cuenta de que en otros lugares estaban naciendo bebés similares. Por ciudades y naciones estos bebés tenían las mismas características, dándose cuenta de que Dios no hace acepción de personas, y que los había visitado igual que a nosotros.

A la nueva Sara, que vivía en la esquina de Canaán, en la tienda de adoración, la visitaron tres personajes. Uno de ellos —que, según creo, se llamaba Espíritu Santo— le dijo que la iba a visitar; es decir, que iba a concebir, y que al cabo de un año daría a luz a un niño que se llamaría igual que el nuestro. Curiosamente, casos semejantes tuvieron en otros lugares. Su nombre: *«risa»*.

Qué interesante: habían dado a luz casi en el mismo tiempo que nosotros. Algunos en 1989, otros en 1990 en el Hospital Buenos Días Espíritu Santo, otros en 1992, en el sanatorio de nuestros buenos amigos argentinos, donde 65.000 personas, me parece, se reunieron con gritos de júbilo por lo que había nacido en Belgrano, nombre de un soldado, muy amigo del que les prestó su jardín de juegos llamado Vélez Sarsfield. Los vecinos del norte no daban crédito de lo que sucedía con los latinos y buscaron desesperados a estos *«chés»*. Ahí concibieron para que en 1994 la Maternidad Toronto diera a luz, y pronto, de muchas partes del viejo continente, querían ver al niño. ¿Por qué?

Porque hace tiempo no veían a un bebé sonriente.

En 1987 Rodney M. Howard-Browne llegó a Estados Unidos procedente de sudáfrica, con un nuevo mover del Espíritu Santo. El gozo y otras manifestaciones del Espíritu Santo tuvieron lugar en aquella nación y hasta nuestros días sigue afectando a muchas otras. En 1990, Benny Hinn lanzó su libro *Buenos días Espíritu Santo,* el cual causó gran impacto en todo el mundo y abrió una nueva época para el mover del Espíritu Santo.

En 1992, Claudio Freidzon reunió en el estadio Vélez Sarsfield, en la ciudad de Buenos Aires, Argentina, alrededor de 65.000 personas para uno de los eventos más trascendentes de la década de los noventas en aquel país, con una visitación impresionante del Espíritu Santo sobre esa nación. Durante muchos días la gente hacía filas de horas para entrar a la iglesia de Claudio en el barrio de Belgrano, para beber del Espíritu Santo. En 1994, John Arnot, de Toronto, Canadá, fue a visitar a Claudio Freidzon en Argentina, recibiendo una transmisión del Espíritu Santo, la cual afectó tremendamente a la iglesia de Arnot. Esto causó tal avivamiento que para mayo de 1996 habían pasado por su iglesia un millón de visitantes de muchas partes del mundo, para recibir un toque fresco del Espíritu Santo. Curiosamente, para abril 1996, al igual que Naamán, el general sirio, ya habían ido y se habían sumergido un millón de cristianos en el biberón de la felicidad, volviéndose su piel como de niños.

Todos se pasaban el biberón. Los ingleses fueron los primeros que lo tomaron, llegando a tener 7000 biberones iguales, reproducidos igualmente, pero con gozo. Al biberón lo llamaron *anglicano;* no sé por qué fue con ellos, pero les dio envidia a otros que, por no tener el mismo biberón, se han quedado con la piel arrugada. Sin embargo, tarde o temprano gritarán como los otros: «¡Quiero mi biberón...!»

Y, mientras, ¿qué sucedía en México? Nos corrían con nuestro bebé. La amistad se perdió. Deseando que algún día alcancemos amistades, en el babero del bebé le cosimos el título de «Alcance Internacional».

Se siguieron diciendo cosas raras del bebé por su alegría y su sonrisa. Parecía que entre nosotros crecía, caía y caminaba «a gatas» o trataba de correr con temblor y otra serie de manifestaciones chistosas. Veíamos cómo balbuceaba, tratando de hablar. Parecían lenguas angelicales; a veces se tambaleaba como ebrio tratando de caminar, lo cual nos daba mucha risa. Empezamos a notar que le daba mucho calor, como si lo hubieran metido al fuego, por lo cual lo llevamos con el Médico Divino —me parece que se llama Jesús— y nos dijo que era lo normal, que lo anormal era que no le diera esto, que era propio de su crecimiento, así que nos lo echamos a cuestas en nuestra «cangurera». Lo extraño es que al ponerlo ahí empezamos a brincar y no sabíamos por qué. No quisimos preguntar otra vez al Médico, porque nos había dicho que si veíamos cosas raras no nos asustáramos, que se contagiaban por el cariño que le teníamos.

Cuando estábamos con él nos tirábamos al piso, nos revolcábamos con él; a veces nos quedábamos quietos por mucho tiempo con una paz que nos embargaba fuertemente; a veces nuestra alegría de haberlo dado a luz era tanta que nos quedábamos paralizados.

Un día, un personaje tremendo vino a tocar a nuestra puerta y nos preguntó si queríamos cenar con Él. Le abrimos la puerta y Él cenó con nosotros para tener amistad, comunión y compañerismo inmediatamente. Lo hicimos pasar porque llevábamos mucho tiempo sintiéndonos muy solos. Le servimos rápidamente, tal como habían hecho Sara y Abraham, que eran como los del viejo continente, pero que ahora con su hijo Risa estaban muy rejuvenecidos. Parecía que había habido en ellos un milagro de restauración desde que tuvieron la misma visita; así que inmediatamente lo atendimos y le servimos. Nos dijo que Él había hecho la concepción y que habíamos dado a luz por Él. En ese momento nuestros ojos se abrieron como los que iban en el camino a Emaús. En ese instante nos dijo su nombre. Cuando se fue nos dijo que iba a volver, pero que agradecía que le hubiéramos dado lugar en su visitación.

Hay otra manera de explicar, tal vez más sencilla, estos pasos: comienza con un toque de parte de Dios por su gran amor, por su gracia. Lo recibimos y aquí es donde he venido diciendo que nos estacionamos en nuestra vida cristiana. Este toque puede ser en la diversidad del Espíritu de Dios: paz, amor, alguna sanidad, gozo del Señor, etc. Esto podemos decir que es una *transmisión*, pero el Espíritu Santo no quiere que te quedes solamente con un toque sino que vayas más allá, a una *entrega* real, con un corazón limpio, para que puedas mirarlo, dándote a Él sin reservas. Pero de ahí tienes que ir a una *rendición* y *renunciación*.

Cuando vienes a Él y renuncias a ti mismo, parece que gritas o exclamas:

> *«Señor, me rindo plenamente, totalmente, incondicionalmente a ti. Me rindo a tu Espíritu. Ya no lucharé por el trono de mi vida; tómalo tú totalmente. Todo te pertenece; mi espíritu, mi alma, mi cuerpo, no son míos ya. Ahora son tuyos; toma posesión de mi ser y saca de tu templo, Espíritu Santo, lo que no te guste. ¡Saca la basura de tu casa!»*

Estos fueron los pasos que se sucedieron en mi vida, pero el Señor me llevó a otro paso más: ¡Tienes que pagar el precio, la unción cuesta!

Hay gente que quiere subirse rápidamente en la unción, pero esta llega tras una preparación. Vean a David de jovencito cuidando ovejas; después Samuel derramó sobre él el cuerno de la unción, lo que provocó fue que derrotó leones y osos, así como al gigante Goliat. Pero eso no fue todo; después tuvo que tomar un reino años más tarde, pagando un precio alto por la unción que vino sobre él. De hecho, cuando ya era un rey establecido en autoridad, llegó a decir: «No daré a mi Señor algo que no me cueste» (1 Crónicas 21.24, versión libre).

La unción tiene un precio: ¡Todo! No *algo* de ti, sino *todo*. Te cuesta todo.

La gente se queda conforme con un toque o una transmisión, pero necesita dar pasos más profundos; necesita entrega, renunciación y rendición.

El Espíritu Santo siempre nos ha querido decir: «Ríndete, ya no luches más; no trates de hacer las cosas por ti. Déjame a mí, no te quedes con el agua a los tobillos, rodillas o lomos. Métete en el río profundo, déjate llevar por mí».

La unción puede costarte tus amigos, tu familia, tu congregación, tu fama, tu trabajo, tu ministerio, etc. A Jesús le costó todo: primero, su familia lo rechazó, después lo quisieron despeñar. Por eso dice: «A lo suyo vino, y los suyos no le recibieron» (Juan 1.11). ¡No les gustó el niño! Él mismo Herodes lo quiso matar, provocando gran lloro y clamor a tantas familias por los niños que murieron por su mano. Aun a María le costó su concepción: tuvo que ir de un lado a otro para protegerse de aquel Herodes, al que no le había gustado la noticia de los magos de Oriente. Cuando llegas a este punto de persecución es porque concebiste del Espíritu Santo.

Mira a Jesús: estuvo muy tranquilo durante unos treinta años, entonces viene el Espíritu Santo en forma corporal, como paloma sobre Él (Lucas 3.22). Lleno del Espíritu Santo, es impulsado, llevado al desierto (4.1); después es ungido (4.18) y luego tratan de matarlo despeñándolo (4.29). No les gustó que el Espíritu Santo viniera a Él, no les agradó su llenura, la unción del Espíritu Santo en Él. Jesús supo esperar el tiempo para que el Espíritu viniera.

Los discípulos Pedro y Juan dijeron al paralítico: «Lo que tengo te doy», y este caminó por la unción y la fe que tenían en el nombre de Jesús.

Tal vez camines por ahí por una transmisión, la cual puede hacer que despegues, o puede destruirte, como ha sucedido con muchos. No obstante, no debemos tener temor. Hay gente que dice: «A este tipo de personas se las coloca en alto, pero no hay que apoyarlos; son hijos de carpinteros pobres y la soberbia los puede acabar. Nosotros somos los fariseos y conocedores, quienes sabemos todo. Estos muchachitos no saben adónde van.»

Los que estamos compenetrados profundamente, los que hemos concebido del Espíritu Santo, sabemos adónde vamos, sabemos qué es lo que queremos. Y si la cruz está por delante, entonces ¡bendita sea la cruz! ¡La queremos!

Estando en un congreso de pastores, escuché hablar a una mujer que se mueve en profecía de una forma tremenda, la esposa de Wes Campbell, de Columbia Británica, Canadá, quien pertenece al movimiento en Toronto. En voz fuerte y clara, ella dijo estas palabras en el estrado que, creo, son para nuestro tiempo: «La piedra que desecharon los edificadores ha venido a ser cabeza del ángulo.» Sobre esto dijo: «Ustedes, edificadores (refiriéndose a los pastores), no desechen las piedras que Yo estoy levantando, porque ellos serán los que estaré usando.»

Esto es increíble, porque en cada mover del Espíritu, los que se creen los principales edificadores de algo espiritual en una nación son los primeros en pulverizar las piedras jóvenes que Dios está usando. Con tristeza he asistido como espectador a aniversarios de grandes organizaciones y visto que nunca tomaron ninguna ola del Espíritu en estos años.

En los años setentas vino la ola de la fe y no les gustó por sus excesos. ¿Es bíblica la enseñanza de fe? Sí, pero no les gustó. Vino la de prosperidad y no les gustó porque querían seguir siendo pobres en espíritu, según ellos. ¿Es bíblica la prosperidad? Sí, lo es. La gente que entró en estas dos olas, ahora tiene congregaciones fuertes y saludables, con mucha gente alcanzada por el bendito evangelio de Jesucristo. Pero no les gustó, así que enseñaron a su gente a seguir confesando sus miserias. ¿Quiere esto decir que todos deben ser ricos? Depende de tu punto de vista. He conocido gente en la Sierra, en las altas montañas, que no tienen casas lujosas, sólo de adobe, no tienen autos lujosos, sólo sus pies para transportarse, pero son ricos en fe. Han resucitado varias veces a muertos, han hecho grandes milagros que otros nunca han podido ver aunque tengan programas en televisión cada semana; pero estas personas no caminan por los montes y valles con caras de miserables, quejándose de que no pueden ir a los grandes centros comerciales de los Estados Unidos. ¡No! No le reclaman a Dios. Hay un brillo en sus ojos y rostros que jamás he podido ver en algún gran predicador mundial. ¡Su herencia es Dios y esa es su riqueza!

Vino otra ola en la alabanza y adoración. Había júbilo y danza, pero no quisieron entrar a ella porque era desordenada. En todo tiempo, siempre hubo algún pretexto. ¿Es bíblica la danza, la alabanza y la adoración? Sí que lo es, pero no les gustó porque no concibieron en su espíritu, como ocurrió con Marcos Witt y otros. ¿Por qué no les gustó el niño? Al nacer, empezó a bailar y a levantar sus manos en adoración, y dijeron que ningún bebé lo había hecho antes y que era raro, por lo tanto lo persiguieron, tal como Herodes persiguió a Jesús cuando era niño. A estos sólo les agradó su propia levadura: el centro eran ellos mismos y la alabanza era para ellos mismos. Por esto Jesucristo les dijo a sus discípulos: «¡Cuidense de la levadura de los herodianos!» ¿Por qué? Porque estos quieren seguir siendo rey en su propio trono.

> *«Y él les mandó, diciendo: Mirad, guardaos de la levadura de los fariseos, y de la levadura de Herodes.»*
>
> —MARCOS 8.15

Ahora viene otra ola del Espíritu, con sus diferentes manifestaciones, diversidad de operaciones (1 Corintios 12), y cuán hermosa y gloriosa es. Pero hay gente a la cual no le gusta porque no se amolda a sus peticiones de oración respecto al avivamiento. Hay una presencia sobrenatural, el peso de gloria viniendo sobre la iglesia; los jóvenes tienen visiones, hay niños ebrios del vino del Espíritu, ancianos teniendo sueños, el gozo precioso del Espíritu Santo, la sensibilidad a Él cual nunca nos habíamos imaginado, fuego y viento poderosos, etc.

Ahora, ¿esto es de Dios? ¡Claro que lo es, según Hechos 2! ¿Hay excesos? Sí, como los hubo y los hay en la danza, la alabanza, la prosperidad o la fe, pero esto no quita que sea de Dios. Y si es de Dios, ¿por qué no lo adoptas? ¿Será que hay levadura de fariseos y herodianos en tu corazón? ¿Perseguirás al niño a imitación de Herodes? ¿Permitirás que crezca o tratarás de pegar duro para que sea abortado o matarlo al nacer?

Ningún mover u ola (como quieras llamarlos) del Espíritu Santo ha podido ser detenido. Lo que sí veo es que en cada ola que vino, los que no se metieron se quedaron atrás. Luego vino otra, y otra, y otra más. ¿Hasta cuándo te quedarás afuera? Hay gente que no entró en ninguna de ellas. Hay otros que se subieron en una y les gustó tanto que pensaron que no habría más. A otros todas las olas los han revolcado en la arena de sus indecisiones, tal vez les dio miedo perder el orgullo, la fama o la buena paga por su ministerio. Por eso Dios te pide: ríndete a cada mover del Espíritu Santo.

> *¡Oh, Espíritu Santo! ¡Hoy quiero rendirme a ti; recostarme en ti, renunciando a todo lo que soy. Deseo estar hoy, mañana y siempre metido en cada ola que levantes con tus preciosas alas de santidad!*

¡Qué diferente es un toque del agua a estar metido dentro de la ola! ¡Cómo se reciben críticas a cada mover de Dios, ¿verdad?! Y quienes más critican son cristianos. ¡Qué increíble! Con esto, lo único que hacen es robarle la fe a una generación sedienta de Dios.

¡Cuánta gente hubo a la que no le gustó el niño! No sabía que hubiera tanta levadura, pero entre más se criticaba, El Espíritu Santo reposaba más sobre nosotros, aunque no lo entendíamos.

En 1 Pedro 4.13-14, Dios me habló y estas palabras fueron tremendas:

> «*Sino gozaos por cuanto sois participantes de los padecimientos de Cristo, para que también en* la revelación de su gloria os gocéis con gran alegría. *Si sois vituperados por el nombre de Cristo, sois bienaventurados, porque* el glorioso Espíritu de Dios reposa sobre vosotros. *Ciertamente, de parte de ellos, él es blasfemado,* pero por vosotros es glorificado.»
>
> —ÉNFASIS AÑADIDO.

¡Qué gloria y alabanza sale de nosotros cuando sabemos que somos atacados! Un mayor gozo del Espíritu empieza a fluir en nosotros *con gran alegría*. Además, somos bienaventurados y mil veces felices porque *el glorioso Espíritu de Dios reposa sobre nosotros*. ¿Quién puede estar en pie cuando Él viene a reposar? A veces, en las noches, Él viene y reposa. ¡Oh noches de gloria!

¡Qué diferente un toque o transmisión de unción al reposo del Espíritu Santo en uno! ¡Qué diferente la transmisión a la concepción! La concepción te trae el gemir; y rompiéndose la fuente, empieza a haber ríos de salud e hijos.

Tenemos unos amigos que están en las montañas de Oaxaca, México. Son profesionales que dejaron su buena casa en la Ciudad de México, su buena posición económica para ir a lugares donde no tienen ni baño para bañarse; ahora deben traer el agua de lejos. Trabajan con los *mijes* y otras tribus como los *trikis* y *musgos*. Allí han apreciado la gloria de Dios, milagros, señales y maravillas, porque ellos quisieron obedecer el llamado de Dios, dejándolo todo.

Ahora el Espíritu Santo reposa sobre ellos. Darío y Susana Palomino están dando a luz hijos para la gloria del Señor Jesucristo.

Mientras más problemas han enfrentado, mayor gloria, mayor reposo del Espíritu Santo y mayor gozo y alegría han experimentado; y nadie podrá detener el fuego en un monte o campo. Y si lo quisieran detener, ¡el fuego se detiene con más fuego! ¿Qué quiero decir con esto? Que nadie podrá detener al Espíritu Santo.

¡Qué diferente un toquecito al reposo del Espíritu Santo! No te conformes con la atracción solamente o un toque de Dios a través de alguien. Busca, toca, clama y Él vendrá a ti, porque Él no hace acepción de personas.

Recuerdo que Susana Palomino vino a nuestro Congreso del Espíritu Santo. La llamé al frente, a la plataforma, y cómo me tocó el corazón cuando me dijo: «Hoy me pude bañar en una regadera [ducha]». Es una mujer tremenda, obedeciendo al Señor Jesús. Ahí mismo el Espíritu Santo vino a reposar sobre ella, quedando por horas en el Espíritu.

¡Sí, la unción te va a costar todo!

Capítulo 4

Te va a costar todo

CUANDO CONCEBÍ, me dijeron: «¡Estás bien loco! ¡Te vemos raro...!» Es verdad, a veces te dan mareos. En ocasiones me encontraban tirado en el piso de mi oficina, en el suelo, y decían: «¿Qué le pasa a Fernando?» Y cuando di a luz, como les dije, el niño no les gustó porque lo querían blanco, de ojos azules, alto y bonito, pensando que la unción solamente puede venir a través de anglosajones; que los mexicanos no somos capaces de recibir tal gloria si no viene a través de ellos. Les tengo una gran noticia, mexicanos y precioso pueblo Latino: ¡Dios nos esta levantando! Llegará el día cuando nos buscarán para darles de lo que Dios nos está dando.

Me sorprendió muchísimo ver, en el último Congreso del Espíritu Santo que realizamos, que había pastores norteamericanos del Estado de Texas que por dos horas permanecieron en el piso, tocados por el Espíritu Santo.

No estoy hablando de los misioneros de diferentes países que han venido a dar su vida por esta nación, dejando en su país una posición cómoda para venir a participar de tacos y tortillas con nosotros. Yo admiro a los que por elección han decidido ser mexicanos y se han amoldado a nuestra cultura, yendo a las sierras con sus hijos, llevando el Evangelio a donde nosotros ni siquiera nos hemos atrevido, y que con todo amor tratan de que el mexicano se levante a la posición que Dios desea, y que no hacen nada para oponerse, sino para impulsar. Pero también Dios ya ha hecho crecer a gente ungida en toda Latinoamérica. Y es tiempo de que nuestros hermanos anglosajones o de otras naciones lo reconozcan.

Es curioso que actualmente, en los Estados Unidos, Dios esté usando fuertemente a gente que no son norteamericanos: uno es medio árabe-judio; otro es sudafricano y otro es canadiense. Qué curioso, ¿no?

Necesitamos concebir del Espíritu Santo para que toda Latinoamérica se vuelva a Dios. No es con uno, dos o tres que se logrará: necesitamos estar unidos para ganar nuestras naciones para Dios.

¿Sabes qué va a suceder cuando concibas? Presenciarás cosas y te moverás en el Espíritu. Un día, antes de despertar, me vi caminando por las calles de Marruecos. Iba por una, luego por otra, miraba a la gente con algunos sombreros rojos; vi a un hombre alto y blanco compartiendo del Evangelio, y mucha gente recibía al Señor. De pronto, miré a un hombre que tenía barba, ojos azules y la piel de su cara un poco deteriorada. Estaba detrás de una mesa, dirigiendo las operaciones hacia Marruecos. Afuera del lugar, en la puerta, había un hombre alto sin moverse, con la mirada fija. Yo sabía que era un ángel de Dios. Y el Señor me dijo: «No tarda en caer; el Islam no tarda en caer.»

Cuando concibes, miras en el Espíritu, caminas en el Espíritu. Así fue como la virgen María caminó llena del Espíritu, vio ángeles, se movió en el Espíritu, pensaba en el Espíritu, había concebido del Espíritu.

Un sueño vino a José. Cuando el Espíritu Santo viene, empieza a haber sueños y revelaciones. Entonces el ángel le dijo: «No temas recibir por mujer a María.» Cuando el Espíritu viene comienza la dirección espiritual; no sólo programas, sino dirección espiritual. Es tremendo, porque empieza la obediencia en el Espíritu. A veces te despierta con su voz y te da indicaciones claras y bellas. Entonces empiezas a obedecer.

En Mateo 2.13-15 se nos relata que «un ángel del Señor apareció en sueños a José y dijo: Levántate, y toma al niño y a su madre, y huye a Egipto, y permanece allá hasta que yo te diga; porque acontecerá que Herodes buscará al niño para matarlo. Y él, despertando, tomó de noche al niño y a su madre, y se fue a Egipto.»

¿Qué ocasionó todo esto? El niño que María había concebido del Espíritu Santo y había dado a luz era Jesús.

A José le empezaron a suceder cosas raras. Era la segunda vez que se le aparecía un ángel del Señor en sueños. Si José le hubiera dicho a la gente por qué se iba de su casa, no le hubieran creído. La vida con el Espíritu es emocionante. ¿Por qué? Porque nadie te cree, nadie te entiende, pero hay obediencia feliz.

Lucas 2.25-27 nos habla de Simeón, un hombre justo y piadoso que esperaba la consolación de Israel.

> *«...y el Espíritu Santo estaba sobre él. Y le había sido revelado por el Espíritu Santo, que no vería la muerte antes que viese al Ungido del Señor. Y movido por el Espíritu, vino al templo.»*

Vean bien en estos versos la manera de obrar el Espíritu Santo.

- Estaba sobre él.
- Le fue revelado por el Espíritu.
- Fue movido por el Espíritu.

Qué tremendo es que podamos vivir ahora en esta dimensión. La pregunta es: ¿para qué sirve todo esto?

El pasaje del 29 al 32 nos dice:

> *«Ahora, Señor, despides a tu siervo en paz, conforme a tu palabra; porque han visto mis ojos tu salvación,*

la cual has preparado en presencia de todos los pueblos; luz para revelación a los gentiles, y gloria de tu pueblo Israel.»

Todo esto es para:

- Salvación.
- Preparación en presencia de todos.
- Luz para revelación.
- Gloria de tu pueblo.

¿Lo ves? ¿Lo puedes mirar en estos cuatro pasos? La obra del Espíritu Santo es para salvación, primeramente. En segundo lugar, ¿qué hace esta salvación?: es la preparación en presencia de todos. Tercero, ¿preparación a qué?: para recibir luz y revelación. Y cuarto, para llevar la gloria a su pueblo.

«La gloria que me diste, yo les he dado.»

—JUAN 17.22

El precioso Espíritu Santo quiere venir sobre nosotros y ahora es mejor: quiere morar en nosotros, para que tengamos revelación de Él y seamos movidos por Él siempre.

La vida en el Espíritu es increíble, poco a poco te va sensibilizando hacia Él. Yo había estado pensando en una doctora, dentista, que deseaba ir a Marruecos. No estaba seguro de apoyarla, pero ese día tuve la convicción y la seguridad de que ese país necesitaba urgentemente gente como ella. ¡Qué bueno es obedecer a las revelaciones del Espíritu de Dios!

En ese mismo momento el Señor me llevó a una plaza muy bonita y típica de México. Al dar la vuelta a una calle vi a un grupo musical que estaba cantando himnos. Pude reconocer los cantos porque los había aprendido en la iglesia, con mis papás, cuando era pequeño. Entonces empecé a cantar con ellos, ferviente y reverentemente, como lo solía hacer. Les dije:

—¡Qué bonito está esto! ¿Por qué no se unen a nosotros? Ellos respondieron:

—Así estamos bien, estamos haciendo la parte que nos corresponde.

Caminé hacia la esquina y vi a un hombre, de gran tamaño y de edad, que dirigía y me decía:

—Mira cuántos están en las gradas

Y yo decía: «¡Mira, Señor, con los himnos esta gente se está convirtiendo a ti!» Y a los hermanos les dije:

—Gloria a Dios, hermanos. ¡continúen!

Después me encontré arriba de la plaza, y en esos momentos Dios me dio una visión, de Pedro cuando estaba en la barca con los otros discípulos. Yo me encontraba ahí también, junto a Pedro, cuando dijo:

—Señor; si eres tú, manda que yo vaya.

Y el Señor dijo:

—Ven.

Y él gritó:

—¡Iré!

Y se aventuró. Entonces dije, gritando:

—¡Yo también!

A Pedro le costó todo, pero caminó de una manera que jamás nadie había caminado. Sólo Jesús y Pedro se atrevieron. Tal vez fue criticado por sus compañeros al dar ese paso de fe, o tal vez cuando se empezó a hundir se asustaron, pero el Señor Jesús lo sostuvo. Después le preguntarían:

—¿Qué se siente, Pedro, caminar en algo que jamás nadie se atrevió a caminar?

Y Pedro diría:

—Se requiere valor para perderlo todo; ¡aun la misma vida!

En ese momento yo estaba en la misma plaza, y le dije:

—Señor, ¿por qué me traes aquí?

Pero al mirar hacia mi lado izquierdo vi un ejército de

jóvenes con vestiduras blancas y botas de soldados, que gritaron:

—¡Yo iré!

Él Señor me dijo:

—Ese es el primer ejército que estoy enviando. Son gente joven, limpios, que han emblanquecido sus ropas con la sangre del Cordero, y sus vestiduras no están manchadas, y ellos *romperán las barreras* porque llevan mi santidad en ellos.

De pronto, miré hacia mi lado derecho y vi a otro ejército, con otro color en sus vestiduras. Bajaban de las escalinatas en orden, marchando rápidamente, y comenzaron a evangelizar por las calles, atrás de aquel primer ejército de vestiduras blancas. Y miré hacia atrás y vi a otro ejército de gente indecisa, quienes, de pronto, en medio de su indecisión, gritaron al unísono:

—¡Yo también! —bajando detrás de mí en tropel, corriendo para también evangelizar por las calles, plazas y ciudades.

Yo le dije:

—Señor, ¿qué es esto?

Y empecé a caminar por las calles, y vi que muchos que estaban compartiendo del Señor Jesucristo tenían un fervor y un fuego extraordinarios.

Comencé a ver gente ebria del Espíritu en la calle, como sucedió en Pentecostés (Hechos 2), pero aquí recibían al Señor Jesucristo como su Salvador e, inmediatamente, quedaban saturados con el vino del Espíritu de Dios.

¡Qué increíble es vivir en el Espíritu! Por mucho tiempo pensé que sólo podíamos tener revelación a través de su preciosa Palabra, pero me he dado cuenta que la dimensión del Espíritu es impresionante y fascinante a través de las visiones y los sueños. Nunca me imaginé estar al lado de Pedro en esa barca. ¿Sabes? La Palabra ahora no solo es escrita para tener conocimiento de ella, sino que es viva, es Espíritu y es vida (Juan 6.63).

Cada vez que ahora recuerdo u oigo a alguien predicando sobre el caso de Pedro saltando sobre la barca y yendo hacia Jesús, mi corazón empieza a saltar. Fue tan real para mí que la Palabra se hace viva en mí, una y otra vez.

También quiero relatar el caso de cinco de nuestros jóvenes que fueron a Europa en 1994, a vacacionar y conocer el viejo continente. Eran dos varones y tres mujeres, y cada uno de ellos había gustado del Espíritu Santo. Estando en Francia, frente a la Catedral de Notre Dame, un grupo de franceses comenzó a cantar y a predicar acerca de Jesucristo, junto a otro grupo de ingleses. Nuestros jóvenes mexicanos profesionales se acercaron para unirse y adorar al Señor Jesús. En ese momento, el Espíritu Santo vino cayendo sobre todos y ahora estaban ebrios de Él, con su gozo sobre sus vidas. Esto, a los ojos de muchos cristianos, hubiera parecido una locura —¡y de hecho lo era!—, pero cuando sucedió, la gente se acercó a ver qué pasaba, y ahí el Espíritu Santo hizo su otra preciosa labor: redargüir el corazón de estos franceses que, curiosos, se habían acercado. El Espíritu Santo obró como en Pentecostés, derramando su vino y después su gozo. De esta manera los atrajo para luego redargüirlos, y a nadie pidió permiso para hacerlo. ¿Por qué? Porque es Dios, y de esta manera le plació, en esos momentos, llevarlos a los pies del Señor Jesucristo.

¡Qué increíble es Dios! ¡Qué fabulosos son sus métodos! Como cuando Pedro estaba orando a las 3:00 de la tarde, en casa de Simón el curtidor, y le sobrevino un éxtasis y vio el cielo abierto, y que descendía algo semejante a un gran lienzo que, atado de las cuatro puntas, era bajado a la tierra. Hechos 10.9-22 nos relata esta preciosa historia.

¿Qué sucedió a través de este éxtasis? Cosas muy interesantes:

Primero, Pedro aprendió a no llamar común o inmundo a lo que Dios había limpiado. (vv. 14,15). Hoy la gente se atreve a llamar común o sin importancia ni significado a lo que Dios está santificando y limpiando. Asimismo a las cosas del Espíritu; hay gente a quienes les he comentado que he visto a católicos romanos recibiendo al Señor Jesús en su vida y siendo limpiados, y tristemente responden: «¡Mentira!», o «¡Inmundo!» «¡No nos volvemos a juntar contigo, ¡estás en el ecumenismo!» Y cuando les digo que, en verdad, hay gente que está siendo alcanzada y ha limpiado sus ropas con la sangre del Cordero, y que está siendo llena con el Espíritu Santo y son cristianos hechos y derechos, me dicen: «¡No! ¡Tú te estás dejando guiar por el espíritu del Anticristo.» ¡Qué tremendo error! ¿No crees?

Sigamos en el capítulo 10 de Hechos, donde sucedieron cosas sobrenaturales.

Segundo, vino un éxtasis en el momento en que Pedro estaba orando. ¡Ojalá siempre que oráramos sucediera esto!

Tercero, el cielo fue abierto. Esto era lo normal en la iglesia primitiva. El lenguaje del Espíritu Santo era con sueños, visiones, éxtasis, revelación y profecías.

Cuarto, vino una voz, la cual volvió una segunda vez. ¡Qué hermoso que en medio de la oración Dios interviene y cambia nuestra manera de pensar, y aun quita nuestra dureza y religiosidad, como lo hizo con Pedro, quien no quería ir con los gentiles. Él tenía la llave para abrir la puerta, y no sólo a los gentiles de su tiempo sino a nosotros también.

Así el Señor ha entregado esta llave del Espíritu para abrir corazones, redargüir pecadores, sanar y echar fuera demonios a través del Espíritu Santo en el nombre de Jesús. Lo triste es que no queremos usarla.

¡Oh, Espíritu Santo! ¡Ven, te lo suplico, y da visiones y éxtasis a tu pueblo que clama! Ven y revolotea en su espíritu, que está impidiendo mirar a los «cornelios», quienes son piadosos y temerosos de Dios y que oran siempre y dan limosnas (Hechos 10.1,2). No los desampares. Júntalos como la gallina junta a sus polluelos.

Ven, desciende e irrumpe en sus casas (v. 44), aun cuando apóstoles de Jerusalén no quieran y no vean, da, por favor, a estos hombres maduros un éxtasis e interrumpe sus oraciones. Habla como hablaste a Pedro, y abre el cielo para que miren tu obra, precioso Espíritu de Dios!

Quinto. En el verso 19 nos dice que habló el Espíritu y le dijo: «He aquí, tres hombres te buscan. Levántate, pues, y desciende, y no dudes de ir con ellos, porque yo los he enviado.»

¿Quién había enviado a estos gentiles que no tenían conocimiento bíblico ni teológico, ni posición religiosa tomada? ¿Quién? El Espíritu Santo, para que su siervo, Pedro, les hablara. ¡Qué tremendo!

Tienes que ver esto. En aquel tiempo, después de Pentecostés, el Evangelio no había llegado a los no judíos —los gentiles— y menos aun el Espíritu Santo. Habían pasado unos diez años, y he aquí la obra preciosa del Espíritu Santo, llamando a otro pueblo, que no era el suyo: ¡Ahora estaba excitando su nidada, revoloteando sobre sus polluelos gentiles, poniéndolos en sus alas y, desde entonces y hasta el día de hoy, guiándolos! ¡Aleluya!

¿Quién los empujó hacia Pedro? ¿Quién le abrió los ojos a Pedro, para mirar sobre este otro pueblo? ¡Oh, el precioso Espíritu Santo!

Sexto. En el verso 44 nos dice la Biblia que hubo una interrupción:

> *«Mientras aún hablaba Pedro estas palabras, el Espíritu Santo cayó sobre todos los que oían el discurso.»*
>
> —ÉNFASIS AÑADIDO.

Pedro fue con estos hombres a casa de Cornelio, un varón piadoso, centurión de la compañía llamada La Italiana. En la casa de Cornelio, de repente, el Espíritu Santo intervino, interrumpiendo su mensaje y cayendo sobre todos los que oían. Fíjate que al Espíritu Santo le gustó intervenir en la reunión y caer sobre los que escuchaban.

Ha habido ocasiones en las que el Espíritu Santo ha interrumpido en nuestra iglesia. Puedo decir, sin temor a equivocarme, que fueron tantas las veces que el Espíritu Santo intervino en mi predicación que llegué a pensar que ya no quería que predicara más, pero aprendí que Él es el Señor ahora en mi iglesia. Me gustaría preguntarte: ¿lo es en la tuya? ¿O tú como pastor o líder no quieres ninguna interrupción porque tu programa se llama «Siempre lo mismo», y es más importante tu control a que le dejes el control a Dios?

Durante mucho tiempo nuestras reuniones no han sido las mismas. Nunca pensé que Dios fuera tan novedoso y creativo en las reuniones. Sencillamente, Él pasa *y excita su nidada*.

Nunca me olvidaré de aquella primera ocasión que fui a la preciosa iglesia en Zapote, el Centro Evangelístico de Costa Rica. Al empezar a hablar la persona que estaba filmando la reunión, en la parte posterior, en medio de la congregación, salió disparada hacia atrás, sobre las personas y bancas, con cámara y todo. Después de ese momento, las reuniones fueron gloriosas a través del pastor Hugo Solís.

> *¡Oh, Espíritu Santo! ¡Intervén moviendo tus alas para hacer un viento poderoso, que interrumpa cuantas veces te plazca sobre tu iglesia, la que fue comprada por la preciosa sangre del Señor Jesús!*

Séptimo. El Espíritu Santo cayó de repente. El caer de repente nos indica que, si se me permite decir esto, el Espíritu Santo estaba desesperado por venir sobre los gentiles. Él había caído en Hechos 2 y la iglesia empezó con los judíos, concibiendo del Espíritu Santo. En algunas ocasiones, el libro de los Hechos nos deja ver a algunas de las personas no judías que fueron alcanzadas. Por ejemplo:

• En Hechos 6 se nos cuenta de las siete personas que escogieron para atender las mesas. Sus requisitos eran: buen testimonio, llenos del Espíritu Santo y sabiduría, dentro de las cuales estaba Nicolás, prosélito de Antioquía.

• Hechos 8. Felipe había ido a predicar a Samaria y estaban sucediéndose señales y maravillas. En Jerusalén se enteraron de esto y fueron a supervisar lo que acontecía. ¡Qué bueno que Pedro y Juan fueron a mirar lo que pasaba! Ahora ya no acontece igual, por lo menos no en mi país, México. Aquí los mexicanos primero criticamos, murmuramos, damos puntos de vista de lejos, oímos chismes y creemos a las lenguas inflamadas por el infierno y, entonces, faltos de criterio espiritual, opinamos. Satanás anda dentro de la Iglesia; ¡cuidado! Aquí hay gente que demanda respeto por su autoridad espiritual y que se le notifique qué sucede por allá; luego cree a mentiras. Los apóstoles no eran así; no se quedaban sentados en su trono. Eran los primeros en ir a observar qué pasaba y, ratificando que era de Dios, imponían sus manos. Y si había por allí alguien que entrara encubiertamente queriendo comprar el don del Espíritu Santo, lo ponían a la luz.

• En Hechos 10 vemos a los gentiles concibiendo del Espíritu Santo. Cayó sobre todos lo que oían. Él siempre cae sobre los sedientos y hambrientos, sobre los que quieren oír y recibir de su parte. El Espíritu Santo vino sobre ellos exactamente igual como lo había hecho en Pentecostés, unos años atrás. No dudo que hubieran tenido:

- Interrupción repentina.
- Lenguas de fuego.
- Viento recio.
- Estruendo.
- Ebrios de vino del Espíritu Santo.
- Gozo de su presencia.
- Visiones, sueños y profecías.

He pensado que en estos tiempos la Iglesia sólo ha gozado de una parte del Pentecostés, pero no de su totalidad, porque ahí, como con Cornelio, hubo estos siete casos. Además, experimentaron:

- Quedar atónitos y perplejos.
- Maravillados.
- La burla de la gente.

Hoy la Iglesia tiene lenguas, pero no tiene el fuego, y menos aun los diez puntos anteriores. Ya la gente ni se burla. ¿Por qué? Porque ha acomodado el cristianismo al mundo. Necesitamos clamar la promesa del Padre de que a cualquiera que le pida el Espíritu Santo, Él lo dará (Lucas 11.13), y en plenitud, no sólo en una porción.

En 1906, en la calle Azuza, California, EE.UU., vino el Espíritu Santo manifestando sus lenguas de fuego sobre unos pocos. Su pastor, James Seymore, un hombre de color, fue criticado; se burlaban de él. Había pastores que llegaban a pararse a la puerta de la entrada de su iglesia, vestidos de blanco, como tipo avestruz, con bastones con sonajas, haciendo ruido, asemejándose a los brujos de cualquier aldea de nativos africanos; sin embargo, Seymore pedía a su gente que orara por ellos. La congregación comenzaba a orar, y después de un rato estos burlones se caían al piso; todo se les volvía de color negro y perdían el sentido. Después de estar algunas horas así, se levantaban del suelo para pedir perdón redargüidos por el Espíritu Santo. Luego recibían el bautismo del Espíritu Santo y comenzaban a hablar en otras lenguas, según el Espíritu les daba.

El punto de controversia en aquellos días fue el hablar en otras lenguas. Antes, en el siglo pasado y principios de este, la gente tenía la experiencia de caer en el Espíritu, recibir el gozo del Señor, temblar, etc., pero no de hablar en otras lenguas masivamente. Solo unos cuantos llegaron a tener esa experiencia pensando que serían algo especial para Dios.

Desde 1906 y hasta ahora, millones de personas han hablado en lenguas como señal de haber recibido el bautismo con el Espíritu Santo. El fuego se corrió de Azuza, California, a todo el mundo en menos de un siglo. El Espíritu Santo levantó movimientos y organizaciones que jamás hombre alguno pensó que existirían.

Lo triste es que, por lo menos en mi país, algunos de ellos no han querido entrar a las últimas olas del Espíritu Santo. Creo que están quedándose rezagados. Aun con todo, el movimiento en este siglo, pienso, ha gustado sólo una parte del Pentecostés y no su totalidad. Parece que en estos días se está redescubriendo Hechos 2.

La gente cristiana tiene hoy lenguas pero no fuego, y menos los puntos que he mencionado. Creo que antes de la venida de Jesucristo por su iglesia, esta gozará de un derramamiento tan grande y poderoso que Pentecostés quedará pequeño en comparación de la Gloria que vendrá, siendo mayor que la primera. La lluvia tardía será más fuerte y más tremenda que la temprana. La gloria postrera de esta casa será mayor que la primera (Hageo 2.9).

Recuerdo que, tiempo atrás, cité un domingo a las 9:00 de la mañana a unos 300 servidores que iban a cooperar en nuestro Congreso del Espíritu Santo. Al estar hablando con ellos, de repente el Espíritu Santo intervino —tal parece que las 9:00 de la mañana es una hora que le gusta al Espíritu Santo, porque vino a nosotros como en Pentecostés, a la misma hora. Nuestra reunión dominical comienza a las 11:00 de la mañana, pero por el derramamiento tan grande del Espíritu no pudimos abrir las puertas de acceso sino hasta las 11:30. El cielo cayó sobre nosotros. Los servidores empezaron a tener visiones; algunos estaban extasiados, otros solo señalaban a los ángeles alrededor nuestro, otros miraban una espada de fuego dando vueltas alrededor como en el Edén, mientras que otros estaban atónitos y perplejos, sin poder pronunciar palabra, con sus lenguas trabadas, como maravillados. Un sinfín de cosas más que me son difíciles de explicar —y que si trato de hacerlo naturalmente no tendría cómo—: sencillamente, estábamos en el Cielo.

Los que llegaban a la reunión de las 11:00 solo oían y se preguntaban qué estaba pasando. Cuando al fin se abrieron las puertas (no sé si se nos olvidaría abrirlas o será más fácil pensar que el Señor las cerró, tal como cerró el arca de Noé para que nadie pudiera entrar), encontraron a estos 300 gedeones saltando como locos, como si estuvieran en la frecuencia FM, y los que entraban después en la de AM. Poco a poco algunos entrarían en la frecuencia del Espíritu Santo para terminar la reunión alrededor de las 4:00-5:00 de la tarde. Cuando nos dimos cuenta, habían transcurrido unas siete u ocho horas de gloria.

Creo que en Pentecostés Pedro sólo pudo decir algunas cosas, según pudo recordar, para tratar de explicar lo que estaba sucediendo. Por eso empezó a citar al profeta Joel:

> *«Mas esto es lo dicho por el profeta Joel: Y en los postreros días, dice Dios, derramaré de mi Espíritu sobre toda carne, y vuestros hijos y vuestras hijas profetizarán; vuestros jóvenes verán visiones, y vuestros ancianos soñarán sueños; y de cierto sobre mis siervos y sobre mis siervas en aquellos días derramaré de mi Espíritu, y profetizarán. Y daré prodigios arriba en el cielo, y señales abajo en la tierra, sangre y fuego y vapor de humo; el sol se convertirá en tinieblas, y la luna en sangre, antes que venga el día del Señor, grande y manifiesto…»*
>
> —HECHOS 2.16-20

Cuando la iglesia ha concebido en sus diferentes tiempos, siempre han sucedido diversas manifestaciones que se dan a luz, pero estas siempre han tenido a los burlones, «porque no les gusta el niño» que nace respirando el oxígeno del Espíritu Santo, llorando y pataleando para crecer.

Recuerdo cuando hace años leí el libro *La cuarta dimensión*, de Paul Yonggi Cho. De lo que leí, me sorprendió que él se había embarazado. La gente se burló, primero, por lo que decía, pero al día de hoy este hombre tiene la iglesia más grande, fuerte y próspera de todo el mundo. Hoy la gente ya no se burla: lo invitan y lo reciben como un príncipe de Dios. ¿Por qué? Porque se embarazó.

El Espíritu Santo le dijo acerca de los grupos en las casas o células, algo que las iglesias de muchos países han copiado porque quieren crecer. Pareciera que esto es lo único que les importara: ¡crecer! Aunque tengan que robarse las ovejas, ¡hay que crecer! La diferencia de los que copiaron el sistema es que se les olvidó algo muy importante: fue el Espíritu Santo el que le dijo a David Yonggi Cho que lo hiciera; y se lo dijo porque él tiene una relación estrecha con el Espíritu Santo.

Hoy hay iglesias que han crecido porque un hombre concibió y oyó la voz del Espíritu de Dios, y también hay iglesias que crecieron sin haber concebido ni oído la voz de Dios, pero copiando métodos. Qué gran diferencia hay entre concebir del Espíritu Santo y ser seducido por Él, escuchando su voz en la intimidad, a sólo copiar y querer que la gente nos aplauda por nuestro gran crecimiento.

En aquel día, cuando estemos con el Señor Jesús, algunos le dirán: «En tu nombre profetizamos, echamos fuera demonios, plantamos cientos de células con miles de gente... ¿No ves, Señor, mi gran obra?» Pero el Señor sólo dirá: «No los conozco.» ¡Qué terrible! Predicar el Evangelio es una orden que todos debemos obedecer, pero no podemos descuidar el conocer al Señor. Esta es la vida eterna, que te conozcan...

La oración trajo lo sobrenatural

¿Qué ha sucedido con la iglesia? ¿Por qué perdió lo sobrenatural? En Hechos 10 vemos que un hombre, Cornelio, sin ser conocido por los hombres, era conocido por Dios.

Pienso que en Hechos 9 la Iglesia había perdido algo de lo sobrenatural. ¿Por qué? Porque el Señor Jesús interviene sobrenaturalmente sobre Saulo para levantarlo como el gran apóstol Pablo, y en Hechos 10, un hombre fuera de la nación judía, oraba y hacía traer lo sobrenatural a los gentiles. No dudo que miles de personas en aquel tiempo desfilarían por la casa de Cornelio para recibir el bautismo con el Espíritu Santo.

Nunca pensé que oiría la voz de Dios; ni siquiera pensaba que algún día profetizaría o tendría una palabra de ciencia o sabiduría, o que tuviera discernimiento de espíritus. Tampoco me imaginé que el don de fe se manifestaría en mi vida, pero aun con todo esto, pienso que los dones del Espíritu, así de preciosos como son, difieren mucho de la persona del Espíritu Santo. Creo que la Iglesia en estas últimas décadas se movió fuertemente en los dones, incluso pienso que estos fueron devueltos en su totalidad a la Iglesia en este siglo, pero aun así es muy diferente la operación de los dones espirituales a la manifestación de la presencia del Espíritu Santo, y cuando esto sucede, todos los dones se ponen en función sin ningún esfuerzo. La gente hoy quiere los dones pero desconoce al dador de los dones, a la persona del Espíritu Santo. Es como si de tu pareja sólo te interesara lo que te puede dar y no su persona. Tarde o temprano, esa relación fracasará. Así sucede con la iglesia: solo le interesa lo que Dios le pueda dar: prosperidad, crecimiento numérico, éxito, fama, etc., pero no le interesa Dios como persona.

«Vuelve ahora en amistad con él, y tendrás paz.»
—JOB 22.21

Yo no sabía lo que era andar en el Espíritu. ¿Saben por qué? Porque no lo conocía como persona. Me acuerdo que algunos años atrás un pastor me invitó a dar unas pláticas y me dijo:

—Quiero que hables sobre «Cómo andar en el Espíritu». Deseo que nos enseñes acerca de esto.

Le respondí que después le confirmaría la invitación. Al estar orando y ser sincero ante el Señor, le dije: «Jesús; tú sabes que yo no sé nada al respecto y no quiero ser hipócrita y dar algo simplemente teórico.»

Al terminar de orar, hablé a la persona que me había hecho la invitación y le dije:

—Lo siento mucho. Agradezco la invitación; sé que es un evento muy importante y aprecio que me haya tomado en cuenta para hablar a tan grande auditorio, pero no sé nada de andar en el Espíritu, y creo que si les enseño algo todos terminaremos «caminando en la carne».

Si muchas veces hubiéramos sido sinceros, habríamos evitado que otros cristianos recibieran palabras de la carne, ¿no lo crees?

Recuerdo aquel día cuando iba en mi cuarta hora de oración en mi oficina. Comencé a sentirme mal, sentía el estómago revuelto y no sabia qué me sucedía. Había estado todo ese tiempo adorando, amando al Señor Jesucristo, sin embargo, como mujer embarazada que a los primeros meses se le revuelve el estómago, así estaba yo. Pensaba que quizás sería una liberación, pero no podía ser, porque había como una sensación de bienestar. Así que, confuso y pensando sobre esto, me encaminé a la conferencia que tenía a unas dos horas de donde vivía. Me acuerdo bien que en esta cena había manteles largos y que después de disfrutar la comida me invitaron a pasar al frente. Le pedí a la gente que se pusiera de pie, después de haber dado una plática corta.

Para mi sorpresa y la de todos los reunidos ahí, una mujer que estaba en la mesa de enfrente salió volando y cayó en medio de su mesa. Los cubiertos y platos salieron también volando al caer ella sobre la mesa; otra mujer, inmediatamente después, empezó a gritar violentamente; tenía un demonio dentro de ella. Algunas otras cosas más sucedieron, tales como sanidades o gente sintiendo que se quemaba con el fuego del Espíritu Santo.

Al regresar a mi casa seguí pensando sobre todo lo acontecido en ese día. Le preguntaba al Señor ¿qué era todo esto? Y la respuesta fue: «¡Estás embarazado de mi Espíritu!» Yo no entendí aquellos acontecimientos pero empecé a mirar los frutos y señales.

El Espíritu Santo vino sobre Cornelio y los suyos, cayendo poderosamente, derramando su amor y poder sobre estos gentiles que oraban; ellos eran dadores y temerosos de Dios. ¿No cree usted que hoy el Espíritu Santo desea visitarlo también?

¡Oh, poderoso Espíritu Santo! Derrámate sobre nuestra generación. Enséñanos que así como el águila no fabrica su nido en el sauce, así tú no lo haces sobre gente temerosa y falsa.

Cae sobre nosotros, porque tú no tienes tus alas cortadas. Por amor a Jesús, ven y haznos valientes para poder exclamar como Jesús: «Yo no soy de este mundo, vosotros sois de abajo, yo soy de arriba.»

Permítenos, Padre, ser conscientes de tu poder, para que así como Jesús lo pregonó entre las colinas de Galilea, de la misma forma lo proclamemos en las montañas de nuestros pueblos.

Ven, Espíritu, y satúranos de ti, así como lo hiciste en Jesús para tornarnos como Él; no cobardes ni inciertos, para poder decir ante aquellos que tratan de capturarnos sobre sus redes: «Nuestro reino es el de Jesucristo.»

Danos la autoridad para expulsar en su nombre a los mercaderes de tu templo, quienes igual que los religiosos e hipócritas han querido tomarlo.

Ven y sacude tus poderosas alas, y barre con lo sucio de tu casa, así, cual novia desesperada por su Amado, diremos junto contigo, Espíritu Santo: «¡Ven Señor Jesús!»

Capítulo 5

Embarazos falsos

EN GÉNESIS HAY UNA HISTORIA interesante sobre la vida de Abraham, el amigo de Dios. Él tenía la promesa de un hijo, quien llegó veinticinco años después de que fuera prometido. En medio de estos años tuvieron un embarazo falso: Sara se embarazó a través de su sierva Agar, pero en verdad la embarazada era Agar. Por un momento, caminaron felices, hasta que la sierva Agar miró con desprecio a su señora Sara, lo cual ocasionó grandes conflictos dentro del hogar.

Asimismo, creo, hay gente que tiene embarazos falsos. En varias ocasiones he oído decir a mujeres que, al tener síntomas de embarazo, fueron al médico y no estaban embarazadas como ellas pensaban. Hay gente cristiana, sincera, que ha tenido síntomas semejantes durante toda su vida, pero nunca ha visto un nacimiento espiritual. Tal vez por su deseo ferviente tuvieron vómitos, aumentaron de peso y hasta tuvieron antojos, pero nunca hubo concepción. Han estado mucho tiempo así, pero jamás han tenido un avivamiento. Tal vez hasta lleguen a experimentar dolores de parto, pero jamás tendrán un bebé.

El trabajo de parto espiritual genuino viene como consecuencia de una concepción espiritual. Una mujer que ha estado embarazada y empieza con trabajos de parto, rompiéndose la fuente con contracciones y gemidos, no puede decidir que ya no está embarazada: ella dará a luz porque el bebé está ahí y viene empujando, y nada lo podrá detener.

Así sucede en la vida cristiana cuando uno está impregnado de Dios con su voluntad, con sus propósitos: nada podrá detener al bebé. Así, en este tiempo, nadie podrá detener este avivamiento. Comienza con una atracción, después una relación íntima, un deseo de avivamiento, con oración e intercesión ferviente, un deseo de intimidad con Él, uniéndose a sus propósitos. Es un anhelo de estar unidos con el Señor. Comienza con una sed y se torna en súplica y clamor por Él. Jeremías lo expresó de esta manera:

> *«Mira, oh Jehová, estoy atribulada, mis entrañas hierven.»*
>
> —LAMENTACIONES 1.20

O como él mismo lo expresa de otra manera:

> *«Mis ojos desfallecieron de lágrimas, se conmovieron mis entrañas, mi hígado se derramó por tierra a causa del quebrantamiento de la hija de mi pueblo…»*
>
> —LAMENTACIONES 2.11

Cuando mi esposa y yo le preguntamos a Carlos Annacondia cuál era la clave de su éxito, otra persona nos respondió en ese momento por él y nos dijo: «Carlos se sale de toda fórmula, parámetro y estructura conocida; para él no hay métodos. Simplemente se para y todo comienza a suceder, no hay ayunos o cantos de adoración por horas para que Dios se manifieste.» Al oír esto pensé que no tenía caso abrir mi boca y seguir haciendo preguntas tontas. Cuando estábamos terminando de comer, Carlos me dijo, tan humildemente y sencillo como es: «Cuando salgo de mi cuarto para una reunión, es porque aquellas sábanas quedaron empapadas de lágrimas por esa gente.»

Cómo agradecí esas palabras; en ellas se contestaron mis preguntas. Creo que sólo así se puede dar a luz a un avivamiento, porque un avivamiento no antecede al derramar del amor por las almas perdidas.

El profeta Jeremías lo expresó así:

> *«Levántate, da voces en la noche, al comenzar las vigilias; derrama como agua tu corazón ante la presencia del Señor; alza tus manos a él implorando la vida de tus pequeñitos, que desfallecen de hambre en las entradas de todas las calles.»*
>
> — LAMENTACIONES 2.19

Muchos quisieron copiar la forma de Carlos Annacondia e incluso se pusieron a hacer guerra espiritual, pero jamás percibieron la necesidad del pueblo. Hay gente que puede sentir que está embarazada, aun copiar las formas del embarazo, caminar igual, hablar, hacer toda clase de gestos semejantes, pero puede ser un embarazo espiritual falso.

Pablo dijo: «Sed imitadores de mí, así como yo de Cristo.» Esto no está mal, siempre y cuando deseemos su llenura espiritual, caminemos en el Espíritu, hablemos y nos movamos deseando las cosas del Espíritu que otros tienen, su pasión por las almas, su fervor en oración, su intimidad con el Señor, su santidad. Entonces, imitemos. Esto producirá, tarde o temprano, los ansiados embarazos espirituales.

Con el paso del tiempo, Abraham y Sara se dieron cuenta de que lo único que trajo el embarazo de Agar fue conflicto (hasta el día de hoy). Así que llegó el día cuando el Señor le dijo a Abraham:

> *«Y la bendeciré, y también te daré de ella hijo; sí, la bendeciré, y vendrá a ser madre de naciones; reyes de*

pueblos vendrán de ella.»

—GÉNESIS 17.16

Había llegado el tiempo de la bendición. Por veinticinco años habían creído. Aun cuando cometieron el error de creerse embarazados en su sierva Agar, la bendición llegó. Así la bendición ha llegado a nuestro México y a América Latina. El problema es que no creemos que esté ocurriendo porque nos detenemos mirando nuestras circunstancias, tal como Abraham las miró. Fíjense lo que dice en Génesis 17.17:

> *«Entonces Abraham se postró sobre su rostro, y se rió, y dijo en su corazón: ¿A hombre de cien años ha de nacer hijo? ¿Y Sara, ya de noventa años, ha de concebir?»*

Aquí encontramos por primera vez lo que es un hombre riéndose por las circunstancias que lo rodeaban. Ya me lo imagino, carcajeándose. Me imagino a Sara, caminando y pensando sobre cómo podría ser esto si su cuerpo estaba ya sin fuerzas. Lo único que le quedó por hacer fue revolcarse de risa. En su postración ante la palabra del Señor, la duda comenzó a luchar contra la palabra, porque Abraham le responde:

> *«Ojalá Ismael viva delante de ti.»*
>
> —GÉNESIS 17.18

Así sucede cuando Dios quiere hacer algo nuevo en la vida vieja, antigua y monótona. Él desea darnos un embarazo espiritual, hacer algo diferente, bendecirnos, visitarnos y cambiar las circunstancias de nuestra vida, de nuestras estructuras y formas. Y le respondemos igual que Abraham: «¡Ojalá nos viva la carne, lo antiguo, lo que hemos hecho por nuestros propios esfuerzos! ¡Ojalá nos quede nuestra iglesita y que nuestros viejitos nunca mueran!

¡Estamos a gusto con nuestras treinta personas que se han acomodado al mover anterior.» Este pensamiento siempre persigue al nuevo, como Ismael a Isaac.

Pero lo mejor de esto es que Dios responde, y lo hace de esta manera:

> *«Ciertamente Sara tu mujer te* dará a luz un hijo, *y llamarás su nombre* Isaac [risa]*; y confirmaré mi pacto con él como pacto perpetuo para sus descendientes después de él.»*
>
> —GÉNESIS 17.19, ÉNFASIS AÑADIDO.

¡Cómo me fascinan estas citas...! Dios le dice: «Tú darás a luz, en Sara, un hijo.» Veinticinco años tardó la espera de su embarazo, pero al fin llegó. Por la fe. Aun en medio de su lucha por creer y querer sostenerse en lo antiguo, Dios cumplió lo que prometió, y así Dios cumplirá: «Derramaré de mi Espíritu sobre toda carne», a pesar de que haya gente que quiera quedarse con su Ismael.

Lo increíble de este relato es que le dice que su hijo se llamará *risa* (Isaac).

¿Qué dieron a luz? Risa, gozo, alegría, lo cual, a Agar —que era egipcia y representa al mundo— y a Ismael — que representa la carne— no les agradó. Y cuando *Risa* creció, lo persiguieron.

Me he dado cuenta que cada mover nuevo de Dios es perseguido por las *agares* y los *ismaeles*, lo *mundano* y la *carnalidad*. La amargura de su vino asentado por años no puede admitir una expresión de libertad tan grande.

En Gálatas 4.23 Pablo nos relata, guiado por el Espíritu Santo:

> *«Pero el de la esclava nació según la carne; mas el de la libre, por la promesa.»*

Si seguimos leyendo los siguientes versículos, del 24 al

26, nos daremos cuenta que los hijos de Agar están en esclavitud, mas los de Sara son los de la Jerusalén de *arriba*, la cual es madre de todos nosotros, y es *libre*, porque está escrito:

> *«Regocíjate, oh estéril, tú que no das a luz.»*
>
> —GÁLATAS 4.27

Cuando una persona recibe el gozo del Espíritu Santo se siente libre, ya no esclavo de nada ni de nadie. Una vez un joven me dio esta palabra: «El Señor ha hecho cabalgar hombres sobre tu cabeza», y yo pensé: *«Pero con el gozo de Dios se cayeron.»* Hoy, con su gozo me siento libre, vivo libre. Antes pensaba cuál seria la forma de agradar a todo mundo; hoy ya no me importa, no soy esclavo de hombre. Yo, como Isaac, soy hijo de la promesa (v. 28). Tal como Isaac (risa, gozo y alegría), soy hijo de la misma felicidad de Dios.

1. El gozo del Espíritu te libera (Gálatas 4.31).
2. Sientes confirmado en tu espíritu el pacto de Dios (Génesis 17.19).
3. Las mismas promesas que Dios le dio a Abraham y a Isaac, son tuyas (Gálatas 3.14, y 4.28).
4. Además, los que han sido estériles y que jamás tenían dolores de parto, empiezan a tenerlos:
    a. Embarazos espirituales.
    b. Ríos de bendición.
    c. Hijos espirituales.

El verso 29 de Gálatas 4 también nos refiere que hay un pero:

> *«Pero como entonces el que había nacido según la carne perseguía al que había* nacido según el Espíritu, así también ahora.»
>
> —ÉNFASIS AÑADIDO.

¡Qué sorprendente: así como sucedió en el capítulo 21.9-14 de Génesis, cuando Ismael se burlaba de Risa (Isaac), sucede también ahora! Lo que pasó en el Antiguo Testamento, sigue ocurriendo en el Nuevo. Los carnales y esclavos no soportan la libertad, el gozo, la bendición de las promesas en uno; por eso nos persiguen con burlas. Como en el día de Pentecostés. Hechos 2.13 dice que «se burlaban», diciendo: «están llenos de mosto», por no entender que se había dado a luz a la Iglesia a través del Espíritu del Señor. Así reacciona mucha gente ante las cosas nuevas que Dios hace.

Esto no es nuevo: ha sucedido en mover tras mover, ola tras ola, avivamiento tras avivamiento. Lo podemos ver en la historia de los avivamientos. Uno de ellos, el de Gales, fue apagado por los razonamientos —creo yo ilógicos— de una mujer, cuando le dijo a Evan Roberts que le estaban dando demasiada gloria a él. Esto produjo que este joven de 26 años, que desde sus 13 había orado por un avivamiento en su país, se retirara al anonimato para no volver a predicar jamás. El «pero» de esta mujer apagó uno de los avivamientos más sorprendentes en la historia de la humanidad. Así la gente «moderna» piensa: «A los jóvenes con unción no hay que impulsarlos; se los va a subir y pueden caer; Dios ya no está utilizando hombres sino organizaciones...» Y así sucesivamente, diciendo una serie de cosas tras otras.

Una de las grandes ironías de la historia de la iglesia es que los más celosos cuidadores de que los hombres no le roben la gloria a Dios, casi nunca experimentan un verdadero mover de Dios, porque rechazan a los que Dios envía. Hay gente que piensa que son la policía del Cuerpo de Cristo, para cuidar que otros no se exalten a sí mismos. Pero en el fondo, lo que tienen es orgullo espiritual y, tristemente, siempre pierden el mover de Dios y la bendición que trae consigo. Dios siempre ha utilizado a algún hombre para la movilización de su Reino:

- Usó a sus apóstoles.
- Usó a Pablo.
- Movió a Martín Lutero.
- Movió a Wesley.
- Movió a George Fox.
- Movió a Jonathan Edwards.
- Movió a David Brainerd.
- Movió a Charles Finney.
- Movió a Charles Spurgeon.

Movió a tantos y tantos en diferentes épocas. Vean en este siglo a Evan Roberts, James Seymore, Oral Roberts, Billy Graham. Tommy Hicks en 1956, en la Argentina, cuando en sólo cuatro meses habían sido alcanzados 2.000.000 de personas, registrando uno de los movimientos más fuertes en aquel país. Y en los Estados Unidos, cientos de personas tocadas por el evangelista T. L. Osborn.

¡Pueblo latino: despierta, porque están en tus entrañas, prontos a ser dados a luz por Él, los hombres que conmoverán los cimientos de la tierra: las puntas de lanza sobre tus ciudades, la gente nueva llena de las promesas de Dios, quienes abrazan al Espíritu Santo como su bandera y glorifican unidos al Cordero Inmolado, Santo y hermoso! ¡Ellos sacarán a los *ismaeles* junto con su madre Agar para poder permanecer en la promesa, en la libertad y el regocijo de Dios!

¡Oh, Señor, levanta a los isaacs, los hijos de la promesa. Alarga tu brazo de triunfo sobre tu pueblo; derrama de tu Espíritu sobre tus renuevos, y ríos de tu gozo sobre los sequedales de tu iglesia! ¡Haz descender a Jerusalén libre y siendo madre de todos!

Que el mundo jamás vuelva a mover despectivamente su cabeza sobre Jerusalén, diciendo: «¿Dónde está la ciudad que decían de perfecta hermosura, el gozo de toda la tierra?»

Que todos tus enemigos que se burlan de ella y cru-

jen sus dientes, callen y fenezcan ante el clamor de tus polluelos, los que conocen el tiempo de tu visitación y derraman lágrimas cual arroyo, día y noche, y las niñas de sus ojos nunca descansan.

¡Levántate, oh Señor, y esparce a tus enemigos!

Un pensamiento más

Los embarazos como el de Abraham y Sara a través de Agar son los que se gestan en la cabeza, pero no en el espíritu. Tienen mucha lógica, razonamientos grandes, que tarde o temprano producen a los *ismaeles* que provienen de la carne. Creyendo que es lo mejor, dan a luz su carnalidad, siendo atraídos por la concupiscencia; después son seducidos para dar a luz el pecado, los problemas y la burla. Por consiguiente, no provienen de la fe y menos del Espíritu.

En estos días han surgido este tipo de embarazos: están siendo atraídos por la teología y el vasto conocimiento bíblico. Hay cientos de personas atadas a un patrón ceremonial, a una estructura religiosa que no les permite caminar libremente.

Creo que antes de que el Señor Jesucristo regrese, más gente empezará a gozar de la ola de libertad del Espíritu en sus vidas: ¡porque a libertad fuimos llamados!

¡Donde está el Espíritu del Señor, allí hay libertad!

Capítulo 6

El avivamiento de Gales

Como ya lo mencioné, Evan Roberts fue uno de los jóvenes escogidos por el Espíritu Santo para ser un canal de bendición y avivamiento sobre Gales, un pequeño principado de las Islas Británicas, y así conmocionar al mundo de su tiempo.

Una de las cosas que más me ha maravillado de este avivamiento iniciado en 1904 es que fue con jóvenes y niños, tal vez el de más edad entre todos era el propio Evan Roberts, de solo 26 años.

Cuando tenía 13 años empezó a ir a las reuniones de oración, y por trece años no se perdió ni una de ellas, hasta que el Señor lo visitó.

Dios le dio visiones y sueños. Uno de ellos era que 100.000 personas se volverían al Señor Jesús en arrepentimiento. En otra ocasión vería la boca del infierno tragando a miles, por lo cual oró al Señor pidiendo que por un año tapara la boca del infierno. Por los registros históricos tan impactantes en ese año, creo que Dios se lo concedió. Pero lo mejor de esto fue la visita que el Señor Jesús le hizo en varias noches: la gente veía luz en su rostro y temblor en su cuerpo por esta visitación.

Según puedo analizar, Evan Roberts concibió del

Espíritu Santo. Tuvo tal conocimiento de la Tercera Persona de la Trinidad que grandes personajes de su tiempo viajaban para verlo y oírlo predicar. No había ninguna organización: simplemente había dirección del Espíritu. Parecía que Él había venido sobre Gales y había tomado el control de ese país. Las reuniones duraban cuatro o cinco horas. La presencia de Dios era sublime y los grupos de oración estaban llenos, así como las iglesias.

Lo extraordinario es que las cantinas cerraban por falta de clientes, quienes, arrepentidos de sus pecados, ya no asistían. Las cárceles quedaban sin presos porque no había delincuentes durante esos dos años que duró el avivamiento. Los estadios de fútbol quedaban vacíos porque los deportistas estaban predicando de Jesucristo en algún barrio. Algunos llamaron a este avivamiento «el Pentecostés más grande que Pentecostés».

Los artistas y músicos famosos estaban entre el pueblo, entonando himnos. Sencillamente, los cielos se habían abierto para esa nación y eran, prácticamente, los ríos del trono de Dios fluyendo sobre la gente de Gales.

Dan Roberts, hermano de Evan, tenía solo 20 años, así como Sidney Evans, amigo de ellos —quien a la postre fue su cuñado al casarse con su hermana Mary. Mary formaba parte del grupo de «cantoras», las que tenían entre 18 y 22 años, usadas grandemente en cánticos nuevos e instantáneos, del Espíritu.

En este avivamiento grandes cantidades de jóvenes fueron atraídos por el Espíritu Santo a los pies de Jesucristo. Lo extraordinario es que casi inmediatamente salieron por todas partes enviados a predicar acerca del Reino de Dios. No tuvieron que esperar grandes instrucciones durante dos o cuatro años de formación en un instituto bíblico. El Espíritu Santo los redargüiría, los llenaría de Cristo, pondría fuego en ellos y los capacitaría, dándoles autoridad para tomar la generación de su tiempo. Miles de ellos salieron testificando por todos los rincones, acerca de la gloria de Dios. Fueron valientes y audaces como ninguna otra generación.

Lo tremendo de este avivamiento, a diferencia de otros, es que no solo alcanzó a los jóvenes y adolescentes sino que los niños fueron usados grandemente por el Señor: se los podía encontrar en la calle, en grupos, compartiendo el Evangelio, o en grupos de oración, postrados en intercesión, gritando: «¡Envía al Espíritu Santo, por amor a Jesús!» Los jóvenes entre 16 y 18 años que predicaban por todo el país enfatizaban la vida en el Espíritu y la santidad.

Los periódicos locales anunciaban que toda la comarca parecía estar bajo una fuerza espiritual extraña, y que no había indicios de que esta la soltara.

Creo que en este avivamiento galés el Espíritu Santo liberó una de las mayores demostraciones de poder que jamás país alguno haya experimentado. Se decía que cuando alguien entraba a Gales y daba su primer paso sobre esa tierra, sentía algo extraño y diferente que no podía explicar.

Evan Roberts, joven minero con escasa educación, nació el 8 de junio de 1878 en una casa pequeña y modesta, la misma que el siglo siguiente estaría siendo visitada por miles de turistas y cristianos fervientes, quienes, curiosos, querían ver dónde los cielos fueron abiertos algún día y por si, tal vez, pudieran probar un poco del cielo que empezó en esa humilde casa.

Una de las características de Evan Roberts es que aceptó apasionadamente al Señor Jesús desde muy chico. Su único deseo era servirle y predicar: esto parecía consumirlo. Por años buscó una relación íntima y profunda con el Señor, orando fielmente por una visitación del Espíritu de Dios.

¿Cómo comenzó? Los historiadores lo definen como «La gran reunión de Blaenanerch». Fue el jueves 29 de septiembre de 1904, cuando diecinueve jóvenes y Evan Roberts asistieron a la reunión. Caminando hacia ella, empezaron a cantar: «Está viniendo, está viniendo el poder del Espíritu Santo. Lo recibo, lo recibo, es el poder del Espíritu Santo.»

Estando en la reunión, Evan Roberts empezó a sentir *dolores de parto*. En ese momento el Espíritu Santo le habló, diciéndole: «Esto es lo que necesitas.» Inmediatamente, él gritó: «¡Doblégame, oh Señor!»

Después de pasar un tiempo en la reunión, el Espíritu Santo le dijo que lo hiciera públicamente. Con lágrimas sobre sus ojos y mejillas, Evan empezó a gritar: «¡Doblégame! ¡Doblégame! ¡Doblégame...! ¡Dobléganos!»

En ese momento el Espíritu Santo intervino sobre él de una forma tan penetrante que desde esa noche la cruz y la salvación de las almas serían el principal enfoque del avivamiento.

Después de esto, en una noche tuvo una visión de todo Gales siendo levantado al Cielo. Entonces, comentando a su amigo Sidney, dijo:

> *«Vamos a ver el avivamiento más poderoso que Gales haya conocido, y el Espíritu Santo está por venir ahora. Debemos estar listos; debemos ir por todo el país, predicando. Entonces, en ese momento le dijo, gritando: "¡¿Puedes creer que Dios puede darnos 100.000 almas ahora?!"»*

Evan fue usado para empezar uno de los movimientos más grandes de Dios de todos los tiempos. Él caminó con la visión aun cuando le dijeron que era un loco y un necio, pero no perdió la oportunidad de ver «el Avivamiento de Gales».

El motor que impulsó este avivamiento no fue una doctrina o una organización o personalidad humana, sino el Espíritu Santo, moviendo sus poderosas alas y excitando su nidada en Gales.

¿Qué manifestaciones del Espíritu Santo hubo en este avivamiento?

- Gritaron en agonía.
- Hubo arrepentimiento profundo.
- Lloraron con remordimiento.
- Hubo gozo del Espíritu Santo en ellos.
- La gente estaba en éxtasis por la cercanía de Dios.
- Los servicios de oración estaban llenos de gente desde las primeras horas de la mañana, por no poder dormir por la presencia de Dios sobre ellos.
- La gente gritó: «¡Estoy muriendo!», por el peso del Calvario sobre el alma.
- Había entusiasmo desbordado.
- La oración y la alabanza continuaban por horas, prologándose hasta la mañana siguiente.
- La nube de gloria reposaba sobre las reuniones. La gente que venía de lugares lejanos no quería regresar, por la gloria de Dios que estaba ahí. Los comercios de alimentos se vaciaban porque la gente que había venido de largas distancias determinaba que no volvería a sus hogares: sentía la Gloria de Dios y no la iba a dejar.
- Hubo una explosión de adoración, oración y alabanza, alcanzando cimas espirituales increíbles.
- La gente comenzó a profetizar.
- El alcoholismo fue dejado; las bebidas quedaron en las tabernas sin ser tocadas cuando la convicción y el temor de Dios venía sobre ellos.
- Ola tras ola del Espíritu Santo afectó a la sociedad; el tema de la gente era Dios. Las apuestas en los juegos y la obsesión por ellos prácticamente desaparecieron. En esta visitación parecía que a nadie le interesaba las distracciones del deporte o entretenimientos de su tiempo, porque la gente ahora estaba apasionada por el Señor. Dicen los historiadores que, al parecer, la nación hubiera sido convertida en un día, y no sólo convertida sino transformada. Las cartas que se enviaban unos a otros parecía que llevaban la misma presencia del Señor: cuando eran leídas por inconversos, estos se salvaban y empezaba un mover del Espíritu Santo también en ellos.
- La gente caía al piso, tocada por el Espíritu Santo.
- A la gente le temblaba todo el cuerpo por la presencia de la gloria de Dios.

- Todos los esquemas y patrones puestos por el hombre en la iglesia fueron derribados; asimismo, todos los principios de crecimiento de la iglesia fueron borrados por la presencia del Espíritu Santo.
- La santidad y la obediencia fueron enfatizados, deseando siempre levantar y darle gloria al nombre de Jesús.
- Había impulsos del Espíritu Santo, haciendo que, a una, miles de personas se levantaran al unísono para adorar espontáneamente con cánticos nuevos. Había ocasiones en que la gloria de Dios brillaba con tanta intensidad sobre el púlpito que los predicadores huían de él o caían vencidos totalmente. Otros no soportaban el resplandor de la gloria de Dios que venía sobre las reuniones.
- Habiendo muchos grupos de oración o de estudio en diferentes partes de la ciudad, la gente salía al mismo tiempo para cantar o entonar alabanzas, como si fuera dirigida por un director invisible, hasta la madrugada.
- Los periódicos, en lugar de sacar escritos de casos malos, empezaron a relatar lo que ocurría en las reuniones.
- La multitud caía simultáneamente de rodillas para estar así por un lapso de dos horas.
- En algunos lugares, los ministros de capillas intercambiaban púlpitos con la idea de romper el denominacionalismo.
- La influencia del Espíritu era a veces tan poderosa que hombres fuertes palidecían y temblaban. Había efectos tan abrumadores sobre hombres y mujeres que a veces se deshacían en profundo llanto y sollozo. A veces, pecadores tremendos caían golpeándose el pecho.
- Había gente que expresaba: «La gente se ha vuelto loca por la religión.»
- Había espontaneidad en todo, así como un «desorden» divino.
- En las minas tuvieron problemas serios, porque los caballos habían sido entrenados para responder a las maldiciones de los conductores, y ya que ellos no maldecían más, los caballos no podían entender las órdenes.
- Las reuniones políticas fueron pospuestas, porque los miembros del parlamento estaban en las reuniones de avivamiento.

- Las compañías teatrales desistieron de ir a Gales porque ya nadie asistía a sus espectáculos.
- En solo dos meses se reportaron 60.000 nuevos convertidos. Esta noticia salió en los periódicos.
- Los convertidos a Cristo caían al suelo, atormentados con tal desesperación que pedían a gritos la misericordia de Dios, como si tuvieran un dolor físico.
- Cuando la gente quería retirarse de las reuniones, a las 2:00-3:00 de la mañana, los nuevos convertidos no podían irse porque continuaban cantando, orando y a veces riendo incontrolablemente, hasta que las reuniones de oración se extendían hasta el amanecer.

Al escribir esto de Gales me emociono mucho, porque pienso que en estos últimos años hemos saboreado parte de lo que aquí describo. ¿Cuál ha sido la diferencia en nuestro tiempo de visitación del Espíritu Santo en nosotros? La diferencia radica en que Gales supo, admitió y creyó que era el tiempo de su visitación; entonces los galeses la recibieron.

Hoy tenemos manifestaciones fuertes del Espíritu Santo pero no las creemos, ni las admitimos. Creo que el Espíritu Santo tiene aún mucho trabajo por delante.

Cada vez que leo la historia del avivamiento en Gales, mi espíritu dice: «Sí, Señor; viene este tiempo en que tú intervendrás, pasando por encima de todo patrón o estructura y solo tú puedes cambiar la sociedad y el corazón del hombre.»

He tenido el privilegio de poder ver algunas manifestaciones del Espíritu Santo en este tiempo, las que se asemejan a lo acontecido en Gales, y me atrevo a decir que la máxima opositora del mover del Espíritu Santo es la gente cristiana. No tanto el inconverso, porque cuando este cae al piso, tocado por el poder del Espíritu Santo que lo redarguye y lo trae a los pies de Cristo, se levanta con un tremendo gozo de Dios. Me ha tocado ver gente que viene a Cristo y, junto con eso, recibe el gozo del Señor o el vino del Espíritu Santo, cayendo fulminada o con gran llanto y compungida con gran quebranto.

He podido observar la gloria de Dios manifestada en nuestras reuniones y oír que en muchas partes de la república mexicana está sucediendo y brotando este mover del Espíritu Santo más rápido de lo que había pensado. Asimismo, he visto congregaciones hermosas en Puerto Rico, Estados Unidos, Costa Rica, Argentina y Canadá, mientras escucho que en diferentes partes del mundo está sucediendo lo mismo.

Este mover del Espíritu Santo no es exclusivo de ningún hombre. En el avivamiento galés Evan Roberts fue usado grandemente por Dios. Él fue un pionero, punta de lanza para su generación; pero en ese tiempo muchos otros corrieron de un lado a otro, llevando ese fuego de avivamiento, aunque cuando Evan Roberts se escondió, el fuego se apagó. Esto quiere decir que los hombres siervos de Dios que Él utiliza en un principio son importantes para seguir manteniendo la flama y avivarla aun más. No quiere decir que el Espíritu Santo se detuvo, aunque ciertamente sí lo hizo en Gales, pero brotó en 1906 en la Calle Azuza, en Los Angeles, California, EE.UU., a través de James Seymore, Frank Bartíeman y Smale, en una pequeña sesión de gente de color. Ellos mismos referían continuamente su entusiasmo a Evan Roberts, cuando perseguían la llenura del Espíritu Santo, hasta el grado de repartir 5000 folletos en Los Angeles, titulado *El avivamiento en Gales*.

Pienso que la temperatura espiritual del siglo XX se inició y se elevó en Gales con Evan Roberts, aumentándose aun más en Azuza, y yendo por todo el mundo hasta el día de hoy.

Al finalizar este siglo y comenzar inclusive un nuevo milenio, creo que la Iglesia, en su toda generalidad, está otra vez «baja de grados», espiritualmente hablando, con un poco de fuego por allí y otro por allá. ¡Qué bueno que el Espíritu Santo está poniendo más fuego cada año que pasa! Según creo, a principios del siglo XXI Dios conmoverá otra vez no sólo una parte de la Tierra con su Espíritu, sino que todo el Planeta conocerá de un derramamiento sin precedentes del Espíritu Santo.

Tengo 42 años al momento de escribir esto y 20 sirviendo a Dios, pero una de las cosas que le he pedido al Señor, y que es la que me apasiona, es que quiero ver aun más allá de lo que hoy he visto. Anhelo disfrutar más de sus manifestaciones y de la gloria de su presencia.

En verdad, me siento privilegiado de poder ver hoy su mover; y aunque ha sido grande y sorprendente, sé que va a ser mayor en los años por venir.

> *«Porque así dice Jehová de los ejércitos: De aquí a poco yo haré temblar los cielos y la tierra, el mar y la tierra seca; y haré temblar a todas las naciones, y vendrá el Deseado de todas las naciones; y llenaré de gloria esta casa, ha dicho Jehová de los ejércitos.»*
>
> —Hageo 2.6,7

Querido amigo, este mover sobrenatural de Dios está aquí ahora. No es que Dios no lo pueda hacer más adelante, pero pudiera ser que te pase por encima o que esta ola te golpee y salgas revolcado por ella, haciéndote ella misma alejar.

Hoy el Espíritu Santo nos está dando más sensibilidad, más discernimiento a su mover, para que cuando Él realice algún movimiento, inmediatamente lo podamos captar y meternos en su río.

Si te dijera que algunas de estas manifestaciones que tuvieron en Gales y en otros avivamientos han estado sucediendo entre nosotros, ¿lo creerías? No te conformes con leerlos en algún libro o aun en la misma Palabra de Dios. Pídele a Dios: «Yo lo quiero también.»

Cuando Evan Roberts gritó con dolores de parto:

«¡Doblégame!», en ese momento dio a luz uno de los avivamientos más extraordinarios que hayan existido, por el que toda una sociedad fue cambiada. Los fraudes desaparecieron, las personas que debían pagaron sus deudas, el comercio empezó a sanarse, las cárceles estaban vacías, asimismo las tabernas y los espectáculos, los negocios empezaron a ser honestos, los traficantes del vicio se convertían o tenían que dejarlo, porque ya no era negocio.

¡Cómo le pido al Señor que nos permita ver a nuestra sociedad transformada, a nuestro país doblegado ante el poder de su Espíritu!

El Espíritu sólo puede dar a luz lo del Espíritu, y hoy está sucediendo. Muchos *«roberts»* se levantarán con dolores de parto, dando a luz las cosas del Espíritu.

Capítulo 7

El avivamiento en la calle Azuza

NO ME CABE LA MENOR DUDA de que el avivamiento de la calle Azuza, en la Iglesia de Santidad para gente de color en Los Angeles, California, recibió la estafeta de lo que aconteció en Gales en 1904.

James Seymore había tenido contacto epistolar con Evan Roberts y, tal como lo expresé anteriormente, aun las cartas tenían la presencia de Dios, de tal manera que la gente era redargüida o recibía el toque de Dios. De manera que lo que los grandes evangelistas de 1800 no pudieron conseguir, ni gente renombrada a principios de 1900, lo lograron un minero galés con poca educación y un predicador de santidad, negro, del sur de Texas.

Los primeros reportajes de lo que acontecía en la calle Azuza fueron sensacionales. Aun la prensa secular manifestó que la atmósfera era jocosa, como de circo. La persona que dio las noticias favorables, difundiéndolas por todos lados, fue Frank Bartieman, también predicador de santidad y evangelista. Él pudo captar que eso sería histórico. Fue por medio de él que diversas líneas doctrinales

—como la wesleyana— recibieron noticias de los sucesos en Los Angeles.

El siguiente era un típico reporte de Bartieman:

> *«Los demonios son expulsados, los enfermos son sanados, muchos son gloriosamente salvados, restaurados y bautizados con el Espíritu Santo y con poder. Se están formando héroes, pues los débiles son hechos fuertes en el Señor. El corazón de los hombres está siendo escudriñado como con un candil encendido. Es un tremendo tiempo de escrutinio, no solamente de las acciones sino también de las motivaciones internas y secretas. Nada puede escapar al penetrante ojo de Dios. "Se exalta a Jesús", se magnifica su sangre y se honra una vez más al "Espíritu Santo".*
>
> *»Hay mucha manifestación del "poder" que hace que la gente se caiga al suelo. Hombres fuertes permanecen durante horas bajo el maravilloso poder de Dios, luego de haber caído al piso como el pasto cortado. El avivamiento será, sin duda, de alcance mundial.»*
>
> —Frank Bartieman, en *How "Pentecost" came to Los Angeles*, 1925, p. 64.

Muchos, en aquellos días de Gales (1904) y de Azuza (1906), cuando escucharon las noticias de la visitación del Espíritu Santo tuvieron que tomar una decisión: ¿Este es el gran derramamiento que Dios prometió, que en los postreros días se iba a derramar de su Espíritu, o no?

En aquellos días, los que dijeron «sí» fueron transformados, sus iglesias cambiaron y el fuego se extendió por toda la Tierra.

La pregunta es la misma hoy para nosotros: ¿Es de Dios o no? Yo he creído firmemente que lo es, y que este fuego está incendiando nuestra América Latina.

Capítulo 8

La invasión del Espíritu Santo

AL MOMENTO DE ESCRIBIR este libro se cree que en América Latina se entregan al Señor, aproximadamente, 400 personas cada hora. Según creo, hace 20-25 años que todo esto empezó. La gente católica, por lo menos en México, tuvo una visitación del Espíritu Santo. Se los conoció como «los católicos carismáticos». Corrían los años setentas. A mí me tocó vivirlo y aun platicar con ellos, viendo el hambre y la sed que tenían por Dios. Las sanidades y milagros se sucedían uno tras otro, y el bautismo con el Espíritu Santo, con la manifestación de hablar en otras lenguas, empezó a correr como el fuego.

Esto produjo un hambre increíble por la Palabra de Dios. Se cree que comenzó en una iglesia en la ciudad de México. La gente empezó a buscar en la Palabra y, al abrirse sus ojos, vieron que muchas cosas que hacían no estaban bien. Esto produjo que las casas se abrieran para estudios bíblicos, los cuales empezaron a crecer hasta formarse algunas de las megaiglesias que ahora existen, de entre

5000 y 10.000 personas.

Por otro lado, un movimiento fuerte de fe surgía en aquellos días, provocando que la gente no católica anduviera buscando salud en los centros de reunión donde se predicaba sobre la fe.

Años antes, el movimiento de Jesús había crecido fuertemente, tocando a miles de jóvenes que habían sido atraídos por el movimiento de amor y paz entre los *hippies*. Los «cafés» cristianos se abrían y la música surgía de la desesperación del corazón. Algunos líderes nacionales de hoy salieron de esas filas para unirse a los nuevos grupos de casas que se abrieron por los años setentas.

En aquellos días, en esas casas solo se tenían una o dos guitarras y con ellas se dirigía los cánticos; era alabanza nueva y fresca que salía de California, de grupos fuertes que ahí habían surgido entre jóvenes que salieron de las drogas y del *hippismo*. La presencia de Dios era sublime y esto provocó que algunas personas de la iglesia tradicional evangélica se unieran a grupos caseros. Era lo fresco y lo novedoso de aquel entonces.

Las iglesias tradicionales empezaron a tener envidia y criticar a este nuevo mover que traía consigo el bautismo con el Espíritu Santo, hablando en otras lenguas como señal inicial. Yo soy uno de tantos de esta desbandada de la iglesia evangélica tradicional, de los que buscamos más de Dios. Creo y sigo creyendo que aun hay más y más en esta vida de comunión con el Señor.

Todo esto lo comento porque lo viví, lo palpé, lo gusté. Eran días emocionantes para toda la nación: por fin surgía algo nuevo. Era una pequeña flama, pero cada día crecía hasta hacerse tan grande y fuerte que daría a luz nuevas iglesias y afectaría a los que ahora son los músicos renombrados. No solo esto, sino que la alabanza y adoración que había en México se daría a conocer fuera de este país, haciendo su explosión a finales de los ochentas.

Muchos grupos e iglesias copiaron esta nueva forma

de alabanza y adoración. Me ha tocado observar fuera de este país algunos de ellos que fueron afectados por lo que sucedía en México.

En los noventas ha estado soplando una vez más este viento del Espíritu Santo. Su invasión ha venido y una vez más los católicos han empezado a ver las cosas del Espíritu Santo. Yo creo que provocará otra desbandada. Ellos están quitándose el velo y, si la iglesia tradicional no despierta, o los grupos que crecieron en los ochentas no abren los ojos, Dios puede provocarnos a celos, como lo hizo en los setentas.

Es otro tiempo, y a medida que pasen los años más ruido habrá. La llama del Espíritu Santo está creciendo.

En Colombia hay un hambre tremenda: en medio de una crisis social fuerte están surgiendo iglesias grandes, los estadios se abarrotan con gente para adorar y alabar al Señor Jesús. En Argentina sucede lo mismo. En El Salvador, con el sistema de células, las iglesias han crecido descomunalmente. En Costa Rica, en la actualidad, tienen un mover fuerte del Espíritu Santo, y a través del Canal 23 de televisión están alcanzando veintidós países. Cada semana se predica a miles de latinos. La gente está recibiendo a Cristo, recibiendo sanidad y enseñanza sana a través de la televisión, gracias a que un hombre dio a luz hace años un Canal de TV: don Jonás González.

En 1905, Hoover fue usado grandemente por Dios en Chile. Por aquellos días, él tuvo noticias de un gran mover en la India. Pandita Rambai era una maestra anglicana india, del Movimiento de Santidad. En la escuela donde daba clases había surgido un fuerte avivamiento: los estudiantes experimentaban visiones, sueños, profecías, hablaban en otras lenguas. Hoover fue impactado al leer estas informaciones y, como resultado, orando en Valparaíso, Chile, dio inicio un avivamiento histórico que después se propagó hacia Santiago y a todo el país. (*El avivamiento en Chile*, Willis C. Hoover, pp. 1-36.)

Un relato lo describió así:

> *«Era una escena sorprendente nunca antes vista en Chile: se sintieron movidos a danzar, tuvieron visiones espirituales, hablaron en idiomas angelicales y profetizaron acerca de este gran avivamiento. El Espíritu Santo los llevó a las calles. Las autoridades los llevaron detenidos a las estaciones de policía, no obstante lo cual ellos continuaron danzando en los cuarteles, hablando en lenguas, profetizándoles a las autoridades mismas. Fuimos perseguidos por todos lados; se nos expulsó de los templos metodistas porque sus pastores no quisieron aceptar esta forma de avivamiento espiritual. Nos trataron como si estuviéramos locos.»*
>
> —Ignacio Vergara, *El protestantismo en Chile*, Santiago, 1962, pp. 110,111.

La historia del avivamiento en Chile desde 1909 es uno de los relatos más emocionantes del crecimiento de la Iglesia en el siglo XX. Se cree que para los ochentas había más de un millón de pentecostales en Chile, lo que correspondía al 80% de todos los protestantes. Para 1983 se indicaba que habría más de dos millones de chilenos que se consideraban evangélicos.

Por muchos años la iglesia de Jotabeche, que es la Primera Iglesia Metodista Pentecostal de Santiago, fue la iglesia evangélica más grande del mundo.

Aun con todo este mover tremendo a principios de siglo en Chile, el viento del Espíritu Santo vendrá incendiando una vez más el pábilo que humea.

Este es el tiempo de la América Latina. Creo que para el próximo siglo nuestra América dará que hablar en todo el mundo, porque tenemos millones de jóvenes en nuestras naciones, y cuando Dios despierte a este gigante dormido, la juventud avanzará en nuestra América con la llenura del Espíritu Santo, por su pasión por Jesús y su deseo de ver pronto su regreso.

Si tú eres un joven y lees este libro, te reto a que pruebes del Espíritu Santo, que no tengas temor, que Satanás no te robe a través del miedo y de sus engaños, diciéndote que lo del Espíritu Santo es peligroso. El Espíritu de DIos desea invadir tu vida. Lo está haciendo ya y nadie lo detendrá. Su invasión a este mundo empezó en Génesis 1.1, cuando la Tierra estaba desordenada y vacía, pero el Espíritu Santo «*Se movió* sobre la faz de las aguas».

El Espíritu Santo siempre se mueve, y así como lo hizo sobre las aguas, lo sigue haciendo. Siempre se mueve y nada lo detendrá, y es sobre la faz.

Estas palabras nos llevan al texto original, donde nos dice que *el Espíritu Santo estaba empollando.* ¿Lo ves? Siempre empolla y luego revolotea «*sobre*». El verso 3 nos dice que dio a luz primeramente. «*Sea la luz», dijo Dios.*

Su procedimiento es moverse, estar sobre y dar a luz. Así empezó, ha sido y así seguirá hasta el regreso del Señor Jesús.

Ahora el Espíritu Santo se está moviendo rápidamente sobre el mundo, sobre lo desordenado y vacío de la vida. Él dará a luz uno de los movimientos más poderosos que jamás la Tierra haya experimentado. Será más grande que el de Gales, que el de Chile o el de Azuza; más que el de Wesley o Finney. Estos quedarán pequeños ante lo que se avecina. De hecho, ya lo ha empezado; te guste o no, lo quieras tomar o no. En los diferentes movimientos del Espíritu Santo, los que no quisieron entrar eran los que ya estaban cómodos y llenos de todo, según su propio sentir. Pero Dios se levantó, como un poderoso gigante excitado por el vino; su Espíritu revoloteó y empolló en gentes que no valían nada; eran los fracasados —según el parecer humano— para que concibieran y dieran a luz. Así está sucediendo y así seguirá siendo.

Joven, no te quedes estático. Levántate y ve hacia Dios. Sacúdete tu religión y entra en comunión con su Espíritu.

Él te llenará de un amor por Jesucristo como jamás lo has experimentado. El Espíritu Santo quiere invadir tu corazón y todo tu ser, para que seas un templo santo.

La invasión sobre América Latina está siendo real el día de hoy y no es por su crisis económica, política o social: es porque el Espíritu Santo se está moviendo. Él, sencillamente, se está moviendo y nadie lo podrá detener. Está empollando su vida, lo espiritual, y tarde o temprano saldrá a luz.

América Latina se está despertando y no dudo que en los próximos años muchos latinos irán a predicar con gran fuego a otros países. Algún día les devolveremos lo que ellos sembraron con sus vidas hasta la sangre, para ver a Cristo formado en nuestros pueblos.

Hoover fue a Chile y Dios lo usó grandemente. Daniel Berg y Gunnar Vingren, dos suecos que fueron a Brasil, fueron ungidos por Dios, con manifestaciones poderosas de su Espíritu. Si ellos no hubieran sido sensibles a la voz de Dios a principios de este siglo, no sé qué hubiera pasado en Chile y Brasil, o cuántas almas más se hubieran perdido. A ellos, como a muchos otros misioneros, ¡muchas gracias!

Pero ahora la estafeta está siendo pasada a nosotros, y la estamos tomando. Al menos en México, Dios está preparando a gente joven, aunque madura, para el próximo movimiento del Espíritu Santo. Él vendrá y nosotros necesitamos estar listos. Estos líderes que estoy mirando en nuestra nación parecen diferentes de los usados en los sesentas o setentas; tienen un concepto más grande de la unidad y cada uno de ellos está reconociendo y aceptando lo que Dios está dando al otro, con actitud de mutuo respeto. Esto es realmente un milagro, ya que la iglesia en México está muy dividida. Podemos ir a salvar al perdido, pero no nos respetamos los unos a los otros. Creo que el Espíritu Santo está cambiando esto en toda América Latina. Que no seamos de los que estorbemos a los «*elíseos*» que quieren también golpear las aguas y gritar: «¿Dónde está el Dios de Evan Roberts, Lutero, Wesley, George Fox, Finney, Annacondia o Billy Graham?»

Puedo mirar a muchos líderes desesperados decir: «¿Hasta cuándo, Señor?» A algunos de los más ancianos les tocará verlo, pero otros tienen que dar paso a los *«josués»*. Algunos de ellos se subirán al Monte Pisga y mirarán de lejos, como lo hizo Moisés, pero no se les permitirá entrar a este nuevo mover. ¿Por qué? Porque representan otro mover, otra estructura, otra ley. Pero los líderes como Josué entrarán y poseerán la tierra, junto con la generación que lideran.

Los *«pablos»* están por levantarse, han sido preparados a los pies de los *«gamalieles»*; los *«josués»* han estado esperando en el Monte para recibir a los *«moisés»*, pero lo único que escuchan es guerra. Los *«elíseos»* han seguido fielmente a sus *«elías»*, gritando: ¡dame una doble porción de tu Espíritu!, porque saben que lo necesitan y la porción de su líder no es suficiente para lo que van a enfrentar.

> *¡Ven, Espíritu Santo! ¡Dame una doble porción o triple, o la que sea necesaria para tomar nuestras naciones para Jesucristo! Invade a nuestra América Latina. Realiza, Espíritu Santo, la invasión más extraordinaria que jamás se haya visto. Desembarca con tu poder en las playas de nuestra incredulidad. Avanza con tu influencia sobre las murallas de la religiosidad; divide las aguas de nuestro Jordán, como lo hiciste con Eliseo y Josué para tomar a los «jericós» de nuestra pasividad. Remueve la tiera y empolla de tu vida: así, en tu luz, veremos luz.*

Capítulo 9

La obediencia al Espíritu Santo

La obediencia es parte fundamental en nuestra vida, y si queremos ver el mover del Espíritu Santo en ella, en nuestras congregaciones o ciudades necesitamos:

- Obedecer al Espíritu Santo, por mínima que sea su petición.
- No descuidar nuestra vida con las cosas de la carne, o con las cosas buenas, pero secundarias al fin.
- Depender a cada momento de su guía.
- No comprometer nuestro tiempo a lo vano y sin fruto, sino darle prioridad al Espíritu Santo.
- Estar siempre atentos a sus impulsos.
- Aprender a entrar en el reposo de Dios. Charles Finney dijo: «El avivamiento no dura el tiempo que debiera, porque sus siervos no aprenden a descansar.»

La obediencia es el corazón del cristianismo: esto se ha enfatizado muy poco. Quiero decirte que la obediencia atrae al Espíritu Santo.

En Hechos 5.29, Pedro y los apóstoles responden a las autoridades de su tiempo:

> *«Es necesario obedecer a Dios antes que a los hombres.»*

Cuando el Espíritu Santo fue derramado en Pentecostés, los apóstoles captaron que si querían seguir su mover debían obedecer. En el verso 32 hacen esta declaración:

> *«Y nosotros somos testigos suyos de estas cosas, y también el* Espíritu Santo, *el cual ha* dado Dios a los que le obedecen.»
>
> —ÉNFASIS AÑADIDO.

La vida del Espíritu de Dios les fue dada, pero ellos la mantuvieron por la obediencia. Cuando dejaron de obedecer el Espíritu Santo se apagó, como sucedió en Gales. El Espíritu se puede apagar o contristar por muchas razones, pero una de ellas es la falta de obediencia a Él mismo. Si en algo nos tenemos que esforzar es en obedecerlo, por muy simples que nos parezcan sus sugerencias. La mente carnal siempre va en contra de la mente de Dios, porque razona y piensa que lo que Él pide es locura.

Recuerdo que una vez me había subido a la plataforma para dar un gran mensaje —según yo— a los 3000 participantes de nuestro Congreso del Espíritu Santo. Al pasar al frente, el Espíritu Santo me habló y me dijo: «Hazte a un lado y verás de lo que soy capaz.» Inmediatamente la mente empieza a razonar: «Pero si traigo un gran mensaje; lo he meditado toda la semana...» Y la voz del Espíritu Santo volvió a decir: «Hazte a un lado y verás de lo que soy capaz.» Al hacerme a un lado empezaron a suceder cosas extraordinarias: la gente empezó a correr, tratando de agarrar a los ángeles que pasaban, hubo gente que entró en éxtasis, la nube de su gloria bajó sobre el lugar. ¡Era el Cielo! La música que *surgió* de nuestros músicos, así como sus voces eran prácticamente celestiales; la gente estaba paralizada, estática. La reunión duró cinco horas pero parecía que sólo había sido por un breve tiempo. ¡Lo eterno estaba ahí! Gente con gozo, otros llorando compungidos, la gente que entraba al lugar comenzaba a llorar sin saber por qué. Sencillamente, el Cielo había descendido y bebíamos del Espíritu Santo. Los sedientos estaban siendo saciados con el Agua de Vida. La siguiente semana, la gente testificaba sobre sanidades, visiones de Dios, visitación de ángeles, transformaciones impresionantes. ¿Quién lo había hecho? El precioso Espíritu Santo. Su presencia sublime era más grande que cualquier manifestación que tuviera lugar.

Hay gente que solo busca una manifestación, ya sea caer o reír descontroladamente, o salir llena del vino de Dios. Pero su presencia es más grande; es de mayor gloria porque ahí el hombre no tiene importancia, ni su liderazgo, ni su oratoria o su gran predicación; no, lo único que importa en ese momento es Dios Padre, Dios Hijo y Dios Espíritu Santo, la bendita Trinidad. Ahí sólo es nuestro Dios, y sólo Él.

La obediencia atrae al Espíritu Santo, su presencia y su gloria. En ese momento de obediencia se está conectado vitalmente al Él, siendo su energía transmitida a ti sin medida, porque el Espíritu de Dios no se da con medida.

Pero la obediencia te va a costar:

- A Juan el Bautista y a Pablo les costó su cabeza.
- A Moisés, su destierro.
- A David, persecución.
- A Daniel y sus amigos, un horno de fuego y un foso con leones.
- A Pedro, ser crucificado cabeza abajo.
- A Jesús, la cruz.

La obediencia es antirrebelión, es antidiablo, y es algo que este mundo aborrece. Si algo teme Satanás es a aquellos que obedecen al Espíritu Santo.

A los religiosos no les gusta la obediencia, como sucedió con los apóstoles en el verso 28. Les dijeron:

«¿No os mandamos estrictamente que no enseñaseis en ese nombre? Y ahora habéis llenado *a Jerusalén de vuestra doctrina, y queréis echar sobre nosotros la sangre de ese hombre.»*

—ÉNFASIS AÑADIDO.

Y Pedro responde: «Es necesario obedecer.»

Mi amado amigo, es necesario obedecer al Espíritu Santo, su guía, sus impulsos, sus sueños y visiones, su palabra, así como a sus profetas, para estar seguros. Si la Iglesia obedeciera más el día de hoy al Espíritu Santo y menos a sus grandes programas, este mundo sería convertido en poco tiempo. Por ejemplo, el mandato de Jesús de «Id y predicad el evangelio a todo criatura»

Hoy el Espíritu Santo está hablando a su pueblo, está revoloteando sobre su nidada para que salgamos y nos elevemos al viento, volando con su gloria, predicando el Evangelio.

A la mitad de nuestro Congreso del Espíritu Santo, el sábado 18 de mayo de 1996 —para ser exactos—, al salir del lugar junto a mi esposa y otros hermanos, nos encaminamos hacia el hotel donde nos hospedábamos. Al entrar al vestíbulo nos encontramos al grupo de veinticinco católicos que habían venido a nuestro Congreso, procedentes de la ciudad de Guadalajara. Yo aún iba saturado del vino del Espíritu Santo. Al ver a su líder, una mujer con una congregación de unas 500 personas alcanzadas para Jesucristo, que se reúnen en casas en aquella ciudad, el Espíritu Santo me dijo: «Ora por ella.» Allí mismo ella cayó al piso. Recuerdo haber orado por otra persona y también fue al piso, tocada por el Espíritu Santo. Los que estaban en el vestíbulo y en el bar cercano se sorprendieron grandemente. Lo que me puedo acordar es que llamaron a la ambulancia. Uno de los católicos sugirió ir hacia un cuarto. Éramos poco más de treinta personas dentro de él y al empezaı a orar unos por otros, el amor de Dios se derramó en todos, y en los dos conferencistas invitados al Congreso. Los católicos saltaban sobre sus camas, cantaban, reían con el gozo de Dios, hablaban en lenguas preciosas. El cuarto se sacudía por el Espíritu Santo. Eran alrededor de las 11:30 de la noche. Nos pedimos perdón unos a otros. Nosotros les dijimos que nos perdonaran por no entender lo que Dios estaba haciendo con ellos, así como por nuestro rechazo por años hacia ellos.

Me di cuenta de que esta gente tiene más hambre de Dios que muchos otros cristianos que conozco; están hambrientos y sedientos por recibir todo lo que Dios tiene para sus hijos. No cuestionaban el caer en el Espíritu, ni su gozo, ni el vino de Dios, ni cualquier otra manifestación; ellos solo querían obedecer a Dios. Esa noche fue un momento histórico para la nación de México. El mundo espiritual satánico reventaba de enojo, pues los ángeles de Dios tenían gozo; el Cielo se había abierto.

Al siguiente día, domingo, hice pasar a todo este grupo de católicos al frente de la congregación. Ellos nos pidieron perdón y nosotros también. La verdad, yo no quería que regresaran a sus casas. Deseaba que juntos pudiéramos seguir disfrutando del amor de Jesús en cada uno de nosotros.

La sed que vi en ellos por obedecer a Dios era grande. Su fe era como aquella del centurión que se postró a los pies de Jesús, diciendo que tan solo dijera la palabra para que su siervo sanara. Recordaba esta escena cuando Jesús se voltea a todos los que estaban allí y les dice:

> *«...ni aun en Israel he hallado tanta fe.»*
>
> —Mateo 8.10

El Espíritu Santo está provocando este hambre por obedecerle, no importa si eres como este centurión a los pies de Jesús, o como Cornelio, otro centurión, que daba limosnas y hacía oraciones, o si eres como la samaritana, que no entendía si debía orar en ese monte o en el otro, hasta que, tiernamente, Jesús le dijo que si bebía de Él no tendría que volver a padecer sed; o si eres católico sincero y dispuesto a obedecer a Jesucristo. Para ellos y para todos los que quieran obedecer al evangelio de Jesucristo la promesa es que el Espíritu Santo les será otorgado.

¿Qué fue lo que ocasionó esta respuesta de los apóstoles? En Hechos 5 encontramos las señales y prodigios que se hacían entre el pueblo, además de una gran unidad afuera del centro religioso más importante de los judíos: el pórtico de Salomón. En el capítulo 3, Pedro y Juan habían sanado al paralítico, y en Hechos 5.12-16 seguían de tal forma que los que creían en el Señor aumentaban, tanto hombres como mujeres. Además, «sacaban los enfermos a las calles, y los ponían en camas y lechos, para que al pasar Pedro, a lo menos su sombra cayese sobre alguno de ellos». De las ciudades vecinas traían a los enfermos y atormentados de espíritus inmundos, «y todos eran sanados».

¡Qué fabuloso avivamiento había en los primeros días del crecimiento de la iglesia primitiva! Dio a luz prodigios, señales, sanidades, unidad y liberaciones. La sombra de la gloria de Dios caía sobre la gente en las calles.

Esto mismo es lo que creo llegará a pasar en los años por venir: la gloria de Dios caerá ya no dentro del templo, sino que se manifestará, como en Hechos 5, afuera en las calles. ¡Oh, sí; serán gloriosos los días por venir! Pero acuérdense que implica obediencia.

Los apóstoles habían obedecido de ir a predicar y lo hicieron por las calles. Del verso 17 al 42 se nos relata que los religiosos se llenaron de celos y los pusieron en la cárcel, pero algo increíble sucedió: el ángel del Señor abrió de noche las puertas de la cárcel y, sacándolos, dijo:

> *«Id, y puestos en pie en el templo, anunciad al pueblo todas las palabras de esta vida.»*
>
> —HECHOS 5.17-20

El relato nos dice que fueron y se metieron al templo. ¡Qué increíble! Ahora no solo era por las calles sino también dentro del templo. ¡Qué valentía y osadía! Habían regresado a predicar el Evangelio en el mismo corazón de la religiosidad de aquel tiempo. Si hubieran sido unos cristianos de este tiempo, habrían ido a descansar a la playa más cercana del lugar, para tener reposo por la noche que habían pasado en la cárcel. Los apóstoles tenían otro espíritu, como el de Josué y Caleb: «Podemos tomar la tierra.» Regresaron a predicar, obedeciendo la orden de «id». La sorpresa fue grande para los alguaciles, el sumo sacerdote y los principales sacerdotes, aun ellos mismos dudaron en qué vendría a parar todo aquello (v. 24).

En el verso 28 nos dice que les dijeron: «¿No os mandamos estrictamente que no enseñaseis en ese nombre? Y ahora *habéis llenado* a Jerusalén de vuestra doctrina, y queréis echar sobre nosotros la sangre de ese hombre.» A lo cual Pedro y los apóstoles dijeron: «Es necesario obedecer a Dios antes que a los hombres» (v. 29).

Mira bien que en este capítulo hay señales, maravillas y la gloria de Dios manifestada, pero también está implícita la obediencia con su consecuencia: la persecución y los azotes.

En los versos 40-42 nos dice:

> *«Llamando a los apóstoles, después de azotarlos, les intimaron que no hablasen en el nombre de Jesús, y los pusieron en libertad. Y ellos salieron de la presencia del concilio, gozosos de haber sido tenidos por dignos de padecer afrenta por causa del Nombre. Y* todos los días, *en el templo y por las casas, no cesaban de enseñar y predicar a Jesucristo.»*
>
> —ÉNFASIS AÑADIDO.

La gente que está en contra del mover de Dios siempre tratará de hacerte callar. Si no puede, tratará de azotarte, tal vez no con látigos pero sí quitándote el habla, dejando de ser tu amigo, hablando toda clase de mentiras, tratando de derribar tu testimonio; y si no lo logra tratará de intimidarte. Pero, ¿cuál fue la reacción de los obedientes apóstoles?

Salieron de la presencia del Concilio

No quisieron permanecer más en un lugar donde la presencia de Dios no estuviera. Hay gente a la que le gusta más la plática del Concilio que la presencia de Dios. Estos son los que tratan de apresar un mover de Dios en la gente. ¿Tienes algún líder semejante en tu iglesia, que se opone, dice y critica sin considerar primero y luego orar o pedir consejo para ver si algo es de Dios? Si lo tienes, entonces tendrás un hombre bíblico pero fariseo y religioso, quien tarde o temprano se opondrá a ti y a Dios, y se volverá tu enemigo.

Salieron de allí gozosos

El gozo de Dios empezó en la iglesia en Hechos 2.26-28, como consecuencia del derramamiento del Espíritu Santo, y durante el tiempo de persecución y heridas fue un arma poderosa. Nehemías 8.10 nos dice: «Porque el gozo de Jehová es vuestra fuerza.» Se apartaron de los religiosos con el gozo de Dios en ellos. Yo me imagino la escena, porque cuando te da el gozo de Dios te caes o ruedas o te doblas; te aprietas el estómago, y llega el momento en que no soportas más, y son ríos y ríos de gozo del Espíritu Santo.

Me los imagino entre el gozo, la risa y la alegría de Dios, gritando: «¡Somos dignos de padecer afrenta por causa de Jesús, por causa de su nombre!»

Hoy los cristianos haríamos las cosas diferentes. Le hablaríamos a nuestros compadres, a nuestros amigos abogados y les diríamos que vamos a demandarlos por heridas, por gastos de hospitalización, daños a la moral, etc. Como los hermanos de Valparaíso, Chile, que saltaron y danzaron en la cárcel, así los apóstoles se rieron hasta más no poder.

Ahora, dime, ¿quién se va a reír bajo estas circunstancias de azotes como ellos tuvieron? No eran ciertamente caricias lo que les habían dado. ¡Eran *azotes*, que flagelaban, arrancaban la piel, dejando la carne viva; era un maltrato horrible! Ahora bien, no nos dice que lloraron sino que *se gozaron*. Dime, ¿quién se puede reír en ese momento, si no es esto provocado por el Espíritu Santo? Es el gozo de Dios, el precioso y hermoso fruto del Espíritu contra el cual *no hay ley* (Gálatas 5.23).

¿Por qué la gente se opondrá tanto al gozo de Dios? ¿Será que van de la mano con los del Concilio? ¿Será que no les gusta el nombre de Jesús y la proclamación del Evangelio? ¿Será que son prisioneros de la religión? ¿Qué será?

Los que están en las prisiones por causa de Jesús saben lo que es tener el gozo de Dios de continuo, siendo su fortaleza. Están *presos*, pero la verdad es que *están libres*.

La obediencia te va a costar.

Y todos los días, no cesaban de enseñar y predicar a Jesucristo

La obediencia a Dios nos hace hablar de continuo, enseñar de Jesucristo; no de nosotros mismos sino del Rey y Señor.

El gozo de Dios provoca proclamación del Evangelio en la vida de la persona que lo recibe. ¿Quién quiere recibir un evangelio apagado, triste y amargado? El mundo no lo acepta, y no porque no lo necesite, sino porque, a veces, el que lo proclama lleva una vida miserable, y en su miseria, amargura y tristeza, lo trata de compartir. No, el Evangelio es gozo, el llamamiento es de alegría, la obediencia trae resultados de gloria.

Aquí en México, una vez una persona me dijo:

—Lo invito a su pobre casa —una expresión común en mi país. Le respondí:

—Está bien, ¡vamos a su miserable casa para poder compartir su pobre comida y sentarme en sus miserables sillones!

No te cuento qué me respondió, pero hay gente así, son cristianos pero viven bajo una miseria total. No estoy hablando de riquezas sino de una *actitud* miserable, porque no han valorado el costo de su salvación, la misma vida y sangre de Jesús. No han valorado las riquezas de su gloria, lo eterno. No han considerado el gran valor y privilegio de ser templos del Espíritu Santo, donde hay frutos en abundancia.

En su mesa nunca faltan las riquezas de su amor y de su gozo, delicias a su diestra por siempre, porque en su presencia hay plenitud de gozo, y cuando se le permite la entrada, no falta nada.

Como hijos de Dios, tenemos que caminar con el fruto de humildad y mansedumbre, con coraje, pero con dominio propio, con valentía y audacia, pero con la paz como arma y la paciencia como bandera.

Cristianos: levantemos nuestras alas a la invitación del Espíritu Santo. Allí no nos cansaremos ni fatigaremos en hacer el bien, porque esperamos a que Él mueva sus alas para lanzarnos al viento poderoso de la predicación, sin desmayo.

Lo triste es que tenemos una actitud incorrecta para la proclamación del Evangelio, o de plano una gran desobediencia. ¿Sabes que la desobediencia impide que el gozo entre en el corazón? Hay corazones desolados y vacíos por no obedecer a Dios. ¿Por qué? Porque la desobediencia es pecado: vean a Adán y a Eva; salieron de su presencia por desobedecer.

Esteban, en Hechos 7.39, lleno del Espíritu Santo y hablando con gran coraje y valentía ante sus opositores, les recuerda, refiriéndose a Moisés:

> «*Al cual nuestros padres* no quisieron obedecer, *sino que* le desecharon, *y en sus corazones se volvieron a Egipto.*»
>
> —ÉNFASIS AÑADIDO.

Una y otra vez Dios bendijo al pueblo de Israel en el desierto, pero ellos no quisieron obedecer. Esto es lo que le dolió al Señor, su falta de obediencia y la consecuencia fue grave. Los versos 41 y 42 nos dicen:

> «*Entonces hicieron un becerro, y ofrecieron sacrificio al ídolo, y en las obras de sus manos se regocijaron. Y* Dios se apartó, *y los entregó a que rindiesen culto al ejército del cielo.*»
>
> —Énfasis añadido.

¡Qué grave es desobedecer! El Espíritu Santo es dado sólo a los que obedecen. Hay gente que clama, gime, grita, canta y nada sucede en sus reuniones. ¿Por qué? Porque se trata de obediencia, y el Espíritu Santo no puede vivir en aquellos que lo ignoran y le desobedecen. La consecuencia es terrible:

- Dios se apartó.
- Se volvieron contra Dios, clamando a los demonios.

Lo triste de ello es que comenzó cuando ellos se regocijaron y adoraron la obra de sus manos. Hoy la gente se regocija en sus enramadas, en sus iglesias, en su cantidad de gente, en sus casas, autos, trajes, profesiones y logros. Se regocijan en su dios, en lugar de gozarse en el Dios de su salvación, vivo, real y santo. Por eso Esteban duramente les dice:

> «*¡Duros de cerviz, e incircuncisos de corazón y de oídos! Vosotros resistís siempre al Espíritu Santo; como vuestros padres, así también vosotros.*»
>
> —Hechos 7.51

¿Qué hicieron los desobedientes? Lo mataron. Enfurecidos en sus corazones y crujiendo sus dientes, lo apedrearon.

El Espíritu Santo les es dado a los que obedecen. Amigos, es necesario obedecer. Dios nos está llamando a ser como Jesús, obedientes como Él, que fue obediente hasta la muerte, y muerte de cruz (Filipenses 2.8).

> «*[Hemos sido] elegidos según la presciencia de Dios Padre en santificación del Espíritu,* para obedecer *y ser rociados con la sangre de Jesucristo.*»
>
> —1 PEDRO 1.2, ÉNFASIS AÑADIDO.

¡Qué grato privilegio es el ser elegidos para ser santificados por el Espíritu! Pero ¿para qué es esto? Para que obedezcamos y así poder ser rociados con la preciosa sangre del Cordero.

La obediencia trae la santificación del Espíritu. La santidad no es por obras ni por ser grandes o famosos, sino por la obediencia. El Espíritu es santo, y la santificación es por la medida de nuestra obediencia hacia Él. Él es dado a los que obedecen.

> *«Mas no todos obedecieron al evangelio; pues Isaías dice: Señor, ¿quién ha creído a nuestro anuncio? ... Por toda la tierra ha salido la voz de ellos, y hasta los fines de la tierra sus palabras ... E Isaías dice resueltamente: Fui hallado de los que no me buscaban; me manifesté a los que no preguntaban por mí.»*
>
> —ROMANOS 10.16,18,20

Cuando Israel no obedeció, Dios lo provocó a celos con otro pueblo que no era su pueblo (v. 19), y se manifestó a los que ni siquiera preguntaban por Él. Si la iglesia no obedece a Dios, Él nos puede provocar a celos, así como lo hizo con Israel. Ojalá obedezcamos y podamos predicar al Señor Jesucristo, y que nuestra voz salga hasta los confines de la tierra.

Una de las personas que Dios está usando grandemente en estos tiempos es Marcos Witt. Tuve el privilegio de conocerlo antes de que fuera famoso. Él luchó contra todo, pero siguió obediente, no al hombre sino a Dios. Su voz ha salido por los confines de la tierra, porque prefirió obedecer a Dios antes que a los hombres. Hoy tiene un ministerio que ha bendecido a muchas iglesias en muchas naciones. Me dio un gran gusto cuando, en Puerto Rico, llegué a un restaurante y encontré en el estacionamiento algunos jóvenes en su auto, deleitándose y adorando a Jesús con un casete de música de Marcos Witt.

En su infancia su padre fue muerto cuando había persecución en México por predicar el Evangelio. Fue derribado en la avioneta donde repartía folletos, anunciando el amor de Dios. Pero su vida no terminó allí: su sangre clama y sigue clamando, y no solo la de él, sino la de tantos santos que decidieron obedecer el Evangelio. No me cabe duda del porqué Marcos Witt es usado como lo es, convirtiéndose en un gran líder de alabanza y adoración, pionero y punta de lanza no sólo para el país de México, que tanto amó su papá, sino para Latinoamérica. ¡El Espíritu Santo es dado a los que obedecen!

No fue fácil para él. Marcos tuvo que aprender duro la obediencia y la disciplina en su infancia, pero su carácter fue moldeado en preparación para lo que Dios tenía para él. Esto me recuerda que el Hijo de Dios pasó por ese proceso según Hebreos 5.7-9:

> «*Y Cristo, en los días de su carne, ofreciendo ruegos y súplicas con gran clamor y lágrimas al que le podía librar de la muerte, fue oído a causa de su temor reverente. Y aunque era Hijo, por lo que padeció* aprendió la obediencia; *y habiendo sido perfeccionado, vino a ser autor de eterna salvación* para todos los que le obedecen.»
>
> —ÉNFASIS AÑADIDO.

Fíjate que Cristo aprendió la obediencia. Ella se aprende, y a veces cuesta. A algunos más que a otros, lo cual depende de su corazón. Si permitimos al Señor enseñarnos en la obediencia, esta producirá frutos de salvación.

El carácter se forma por la disciplina y la obediencia. Dios no dará la plenitud de su poder a la gente que sea desobediente o que no haya crecido en su carácter. Hay gente que tiene unción, pero no carácter, y hay otros que tienen carácter pero no unción: debemos tener las dos cosas, y esto se logra a través de la obediencia.

Uno de los grandes problemas con los que me enfrento como pastor es la desobediencia de la gente. Nunca fueron enseñados a obedecer en su infancia, y cuando vienen a Cristo les es difícil. Solo a través del poder del Espíritu Santo les es quitado el corazón de piedra y les es dado uno nuevo. Lo he visto cuando la gente recibe un toque tremendo de Dios, cayendo desplomados. Es allí, entonces, cuando el Espíritu Santo interviene cambiando su corazón rebelde; esto es una operación espiritual donde Dios planta un nuevo corazón. Dios lo prometió.

> *«Os daré corazón nuevo, y pondré espíritu nuevo dentro de vosotros; y quitaré de vuestra carne el corazón de piedra, y os daré un corazón de carne. Y pondré dentro de vosotros mi Espíritu, y* haré que andéis *en mis estatutos, y guardéis mis preceptos, y los pongáis por obra.»*
>
> —EZEQUIEL 36.26,27, ÉNFASIS AÑADIDO.

En las diferentes operaciones del Espíritu de las que habla 1 Corintios 12 está la del corazón. ¿Para qué lo hace? Para que obedezcamos sin queja y sin murmuración, para que, felices, podamos andar y guardar sus estatutos y preceptos. Por ejemplo, el diezmo y ofrendas: ¿te pesa darlas? Entonces necesitas un nuevo corazón. ¡El Espíritu Santo es dado a los que obedecen!

He visto personas levantarse después de un toque del Espíritu Santo y decirme: «Yo no diezmaba, pero mientras estaba en el suelo vi cómo Dios cambió mi corazón y ahora quiero obedecer.»

Si no fuera porque Dios ha puesto su Espíritu en nosotros, la obediencia a sus estatutos y preceptos nos sería gravosa, pero gracias a que Él ha venido podemos deleitarnos en obedecer; ya no es una carga, sino una bendición para gozarnos en el obedecer. El libro de Hebreos nos dice:

> *«Por lo cual, este es el pacto que haré con la casa de Israel después de aquellos días, dice el Señor: Pondré mis leyes en la mente de ellos, y sobre su corazón las escribiré; y seré a ellos por Dios, y ellos me serán a mí por pueblo.»*
>
> —Hebreos 8.10

Hoy vivimos en esos días de los cuales hablaron Ezequiel y el autor de Hebreos. Son días en que Él ha puesto sus leyes en nuestra mente y nuestro corazón a través de su Espíritu, gracias al pacto realizado a través de la sangre de Jesucristo.

Alguna gente dice: «Me cuesta mucho obedecer a Dios; me es casi imposible, y una y otra vez vuelvo a caer.». Hay otros que han sido de lo peor pero vienen en arrepentimiento, reciben a Jesús como Señor y Salvador, son sellados y bautizados con el Espíritu Santo y aborrecen lo que hacían: hubo un cambio total de vida; volvieron a nacer. Los primeros han tenido remordimiento, los segundos arrepentimiento, porque el que nace de Dios, no practica el pecado ni lo quiere, mas ama y desea obedecer a Dios.

Cuando el Señor pone su Espíritu dentro nuestro ya no debe haber problemas para obedecer.

En el Antiguo Testamento, bajo el antiguo pacto, hubo gente que obedeció de una forma extraordinaria a lo que Dios les requirió. Algunos de estos casos me dejaron asombrado por la petición del Señor y la obediencia de sus siervos.

Isaías es un caso de obediencia increíble. Al leer el capítulo 20 te darás cuenta de lo raro de la petición y de la respuesta inmediata del profeta:

> *«En aquel tiempo habló el Jehová por medio de Isaías hijo de Amoz, diciendo: Vé y quita el cilicio de tus lomos, y descalza las sandalias de tus pies. Y lo hizo así,* andando desnudo *y descalzo. Y dijo Jehová: De la manera que anduvo mi siervo Isaías* desnudo y descalzo *tres años, por señal y pronóstico sobre Egipto y sobre Etiopía...»*
>
> —ISAÍAS 20.2,3, ÉNFASIS AÑADIDO.

Isaías caminó desnudo por tres años. Cuando la Biblia nos dice «desnudo» es que así fue; era sin nada, todo al descubierto. Por mucho tiempo así dormía, así caminaba, así comía, así adoraba a Dios. ¡Qué loco, ¿no?! Yo prefiero ser loco obediente a muy cuerdo y desobediente.

Isaías *lo hizo así,* fue inmediata su repuesta. No dudó en obedecer, ni anduvo preguntando en cada congregación si esto era de Dios. Él conocía a Dios; lo había visto, había contemplado sus faldas en el templo y el carbón encendido había estado en sus propios labios (Isaías 6). Ahora, lo que seguía era obedecer. Esto fue lo que caracterizó al profeta y a todos los siervos del Señor en el Antiguo y Nuevo Testamentos.

«Pero..., Fernando... ¿crees que Dios nos pida algo semejante el día de hoy?» No, no lo creo; pero sí nos va a pedir otro tipo de cosas raras, para ver hasta dónde estamos dispuestos a obedecer.

Un día, en una reunión de unas 4000 personas, Él me dijo: «Corre», y yo le dije: «¿Qué?» «¡Corre!» Al obedecerlo, en el mundo espiritual algo se rompió: los milagros empezaron a suceder. Tres personas en sillas de ruedas se pusieron en pie y comenzaron a caminar, mientras que otras eran sanadas. En otra ocasión me dijo: «¡Grita!», y al hacerlo con todas mis fuerzas sucedió que unas treinta personas endemoniadas fueron libres. Nunca me había pasado algo semejante, pero aprendí a obedecer y quiero seguir haciéndolo.

La gente obediente a Dios es considerada loca, rara, «desatornillada» y otro tipo de calificativos para nada bonitos. No dudo que así también fue con Isaías. Le deben haber dicho que era el profeta loco, que estaba endemoniado, que Dios no era el que le había hablado y que nunca habían visto cosas semejantes desde Adán y Eva o desde Saúl, que profetizó desnudo cuando vino el Espíritu sobre él.

> *«Y él también se despojó de sus vestidos, y profetizó igualmente delante de Samuel, y estuvo* desnudo *todo aquel día y toda aquella noche.»*
>
> —1 SAMUEL 19.24, ÉNFASIS AÑADIDO.

¡Qué cosas tan raras y fuera de nuestra comprensión..., ¿no crees?! El problema es que estamos acostumbrados a ser muy razonables y lógicos, pero de pronto Dios hace o te pide cosas ilógicas. El Espíritu vino sobre Saúl y este no aguantó sus vestiduras de odio y rencor. Todo el día y toda la noche profetizó desnudo delante del profeta Samuel. ¿Qué pensaría Samuel? Me lo imagino riéndose, disfrutando todo aquel día y durante la noche de lo que decía Saúl, gozándose de cómo el Espíritu los había detenido de una manera totalmente fuera del control del hombre.

He visto que cuando el Espíritu Santo interviene parece que todo se sale de control, del orden humano, de la estructura, y parece que el Espíritu Santo se goza al ver la reacción de la gente lógica y razonable.

Un día, en una Noche de Señales Para Jóvenes, el Espíritu Santo vino sobre un joven. Yo no podía dar crédito a lo que veía; jamás había visto a este joven tocado por el Espíritu y menos de la forma en que lo vi. Parecía de goma, y el Espíritu lo hacía de una forma que ningún deportista hubiera podido realizar. Sólo tres veces he visto este caso. Ahora ya no me asombro de las rarezas. Hay gente que dice: «¡Son extremos!», y yo les respondo: «¿Para quién son extremos?»

Dios obró en un extremo con Isaías y con Saúl, pero no sólo con ellos sino también con otros de sus siervos. Tal parece que Dios es exagerado, y yo creo que tengo un Dios exagerado; no sé tú, pero yo sí lo tengo.

Jesucristo le dijo que arrojaran sus redes al mar, y cuando las sacaron se rompían por la exagerada cantidad de peces. Ellos habían tratado de pescar algo toda la noche, sin resultados. Cuando Jesucristo murió, además de las tinieblas que hubo, los sepulcros se abrieron y muchos cuerpos de los santos que habían dormido se levantaron, salieron de los sepulcros y vinieron a la ciudad y se les aparecieron a muchos. (Mateo 27.45, 52,53)

¿También exageró Dios en su muerte? ¿Para qué todo esto? El velo del templo se rasgó en dos, de arriba abajo, y la Tierra tembló y las rocas se partieron (Mateo 27.51). ¿Para qué toda esta exageración? ¿No quería Dios, a través de su bendita Palabra, decirnos que Él va más allá de toda lógica, razonamiento o ciencia humana, y que esto era tan solo una prueba de su grandeza?

No limitemos a Dios, por favor. Hay gente que lo limita porque no lo ha visto; no le cree. Él nos enseñará, a los que le amamos y clamamos, cosas grandes y ocultas, cosas que ojo no vio ni oído oyó, esas son las que Dios nos ha preparado (ver 1 Corintios 2.9; Jeremías 33.3).

Lo siguiente es un extracto de una carta que una persona de nuestra congregación nos entregara después de un Congreso del Espíritu Santo:

«Mis amados Fernando y Esther:

»Aunque un poco tarde, quiero compartirles mis experiencias del Congreso. Primeramente muchas, muchas gracias a Dios, pero también a ustedes; los amo.

»Yo había estado anhelante de este evento desde semanas atrás; había días que me decía: "Siento que no puedo esperar más." El domingo anterior al Congreso, como recordarán, fue increíble, pero creo que todos sabíamos que había más de Él para nosotros. Pues bien, el viernes por la noche me tocó estar con los niños, así que no bajé para nada, pero con ellos siempre es maravilloso.

»El sábado fue realmente espléndido. Recuerdo la noche que estaba un poco embriagada en el Espíritu, y cuando te vi, Fernando, que estabas más que yo, jalé a mi hermano, diciéndole: "Yo quiero más, así que llévame con Fernando", y mi mamá también se levantó. Cuando me acerqué donde estabas, todo me daba muchas vueltas y ya no recuerdo más, hasta que mi hermano me llevaba otra vez a mi lugar. Y cómo iba bajando las escaleras del lugar, ¡y cómo iba manejando embriagada!

»Durante el trayecto a casa, manejando lentamente por el Periférico, empecé a escuchar suavemente el canto: "Ven Espíritu de Dios, ven que espero yo en ti..", de una forma especial, porque aunque podía literalmente escucharlo, era como si saliera de mí sin cantar.

»Finalmente llegamos. Me acosté casi inmediatamente y después de dormir un tiempo el Señor me despertó, y dije: "¡Oh, Santo Dios! ¿Cómo llegué aquí?" Estaba ebria... y entonces Él me tocó suavemente y allí, en mi cama, estaba ebria otra vez. ¡Qué maravilloso Dios!

»¿Qué tal el domingo? Fue único, ¿verdad? Por la noche, cuando le pregunté a Carolina, tu sobrina, que estaba sentada adelante de mí por qué veía sus manos, me dijo: "Mira, es que tengo chispas de oro", y al tomar sus manos entre las mías me dijo: "Tú también tienes."

Entonces las vi y, efectivamente, tenía como una fina diamantina dorada en algunas partes de las palmas y dedos.

»La mamá de Salvador Escoto tomó mis manos y me dijo: "¡Creo que no alcanzamos a medir lo que esta pasando en este lugar!"

»Algo que me gustó mucho es que el Señor nos dio igual a mi familia y a mí, por lo que pudimos estar unánimes en Él.

»Finalmente, cuando tú estabas compartiendo, el Señor me quebrantó grandemente y empecé a clamar que no nos dejara. Yo sé lo que es cuando el Espíritu Santo se va.

»Recuerdo que le decía: "Perdóname si no he valorado lo suficiente tu presencia; perdónanos si como ¡glesia si no te hemos valorado como esperas. Perdónanos, pero no te vayas, por favor."»

—M.E.R.

Esta carta es un ejemplo entre muchos de los casos raros del Espíritu Santo que están sucediendo en nuestra nación. Así como ella, otros han experimentado casos gloriosos y sobrenaturales.

Recuerdo un día en Humacao, Puerto Rico, el 30 de diciembre de 1995. Estaba en la congregación de un hermano que aprecio mucho y que ha sido ejemplo a muchos jóvenes por su arrojo y fe; es un hombre de Dios. Una persona de su congregación quedó paralizada, estática, por espacio de cinco horas. Al día siguiente, esta mujer dio testimonio de lo ocurrido. Ella dijo: «El Señor Jesús me llevó entre el Cielo y la Tierra, y yo no quería bajar de ahí. Yo le dije al Señor que quería más de Él, y Él me respondió: "Ahora no estas preparada para más, pero más adelante lo haré."»

Ella no se había dado cuenta de todo el tiempo que pasó. Su esposo y otro familiar no daban crédito a lo que le pasaba. Me preguntaban: ¿Qué hacemos? ¿Qué se hace en estos casos? Yo les respondí: «Nada; déjenla que disfrute de la presencia de Dios.»

¡Qué casos tan increíbles, ¿verdad?!

Lee esto por favor:

> *«El esforzado de entre los valientes huirá desnudo aquel día, dice Jehová.»*
>
> —Amós 2.16

Esto habla el Señor de aquellos que podrán librarse de los que dicen: «No profetices más.» O lee esto otro:

> *«En pos de Jehová caminarán; él* rugirá *como león; rugirá, y los hijos vendrán* temblando *desde el occidente.»*
>
> —Oseas 11.10, énfasis añadido.

O lee esto:

> *«He aquí que mis siervos cantarán por júbilo del corazón, y vosotros clamaréis por el dolor del corazón, y por el quebrantamiento de espíritu aullaréis.»*
>
> —Isaías 65.14

Y aun más:

> *«...aconteció que Mical hija de Saúl miró desde una ventana, y vio al rey David que saltaba y danzaba delante de Jehová; y le menospreció en su corazón ... y saliendo Mical a recibir a David, dijo: ¡Cuán honrado ha quedado hoy el rey de Israel, descubriéndose hoy delante de las criadas de sus siervos, como se descubre sin decoro un cualquiera!»*
>
> —2 Samuel 6.16,20

Me ha tocado ver este tipo de manifestaciones en diferentes partes, aunque te voy a ser sincero, han sido pocas, muy pocas las ocasiones de los extremos.

La gente como Mical critica lo que no entiende, y se queda estéril espiritualmente toda su vida sin poder concebir, como le sucedió a la esposa de David. La gente como ella piensa y opina: «Son indecorosos, como cualquiera haciendo cosas que son del mundo.»

Cuando la danza en el Espíritu se da, es con tanta fuerza y energía como lo hizo David, y después de un corto tiempo caen desplomados al suelo, como tocados por un rayo. A veces este tipo de danza abre los cielos. Nos ha tocado oír ángeles cantando después de un tiempo de danza enérgica.

Recuerdo el día que por primera vez vi a una persona gritando por el dolor en su corazón. Era como si aullara. Me sorprendí tanto que no sabía si realmente esto era de Dios. Hablé con mi esposa y ella me dijo: lee Isaías 65.14. Es por quebrantamiento y por dolor del corazón que suceden estos casos. Gracias a Dios no he visto a gente desnudarse: sería el acabose. Si por el gozo de Dios o el fuego del Espíritu Santo o su vino o sus diferentes manifestaciones se arma un alboroto «del tipo Mical», sería tremendo. En gente que no entiende un mover del Espíritu Santo, ¿qué pasaría si sucediera? ¿Hasta qué punto estamos dispuestos a obedecer al Señor?

Hay gente que ha tenido experiencias tremendas, pero estas no sirven de nada si no aprendemos a obedecer. Tampoco es correcto criticar un mover del Espíritu Santo en nuestros días por gente que haya tenido experiencias raras; no vaya a ser que por nuestra crítica jamás concibamos y no demos a luz lo que Dios quiere hacer en nuestras vidas.

He encontrado en la Palabra de Dios más cosas extremas en cuanto a la obediencia, como por ejemplo el profeta Ezequiel, a quien Dios le pidió acostarse sobre su lado izquierdo 390 días, para llevar la maldad de su pueblo sobre él. Después el Señor le dijo que, cumplidos estos, se acostara por segunda vez del lado derecho por 40 días, y para acabar le dice que no se debía de volver de un lado a otro hasta que hubiera cumplido esto. (Ezequiel 4.4-8)

Y lo peor: le dio una dieta de lo más horrible, medida, que no se podía pasar de la ración que Dios le pedía. En el verso 12 del mismo capítulo le dice que coma pan de cebada cocido debajo de la ceniza, y que lo cociera a la vista del pueblo, al fuego de excremento humano. ¡Qué feo! Ni siquiera puedo imaginarme esta dieta, cocida de esta forma. Dios le da el por qué en el verso 13: para demostrar a Israel que así comerían los hijos de Israel su pan inmundo entre las naciones a donde les iba a arrojar.

Esto se cumplió en su cautividad, y creo que también en la Segunda Guerra Mundial, en los campos de concentración nazis.

En el verso 14, Ezequiel se queja de esto, como tú y yo lo haríamos, y le dice al Señor exclamando:

> *«¡Ah, Señor Jehová! he aquí que mi alma no es inmunda, ni nunca desde mi juventud hasta este tiempo comí cosa mortecina ni despedazada, ni nunca en mi boca entró carne inmunda.»*

Y Dios le responde:

> *«He aquí te permito usar estiércol de bueyes en lugar de excremento humano para cocer tu pan.»*

¡Qué tremendo, ¿verdad?! Pero de esa forma Dios les hace notar en el Antiguo Testamento lo que iban a padecer, mas los profetas, con un comportamiento recto ante Dios, tuvieron que pasar «las de Caín» por la desobediencia de Israel; pero sabían que debían obedecer; sabían lo que significaba ser profeta, lo que valía ser apartados por Dios, y no era juego ni cosa fácil: estaban comprometidos a obedecer aun a costa de sus vidas.

Hoy la gente busca unción, evidencia de poder o de

manifestaciones, pero no quieren que les cueste nada, y según veo en la Biblia y en la historia de los avivamientos, siempre hubo un precio que pagar.

¿Sabes que Isaías fue el profeta del Hijo y Ezequiel fue el del Espíritu Santo?

Creo que nadie como estos hombres, además de Moisés, Daniel, Pablo, Juan y otros, ha visto cosas tan increíbles espiritualmente hablando; pero todos ellos tenían una característica similar: *la obediencia*.

Recuerdo también el día en que el Espíritu Santo no dejaba salir a la gente de la reunión: iban a la puerta y rebotaban, chocando como con una pared invisible. También puedo decir de gente que se ha querido ir a su casa y empieza a caminar en reversa, hacia la plataforma. Es el Espíritu Santo que no quiere que se vayan, que desea tener más tiempo con ellos; esta gente vuelve y trata de irse, poniendo todo su empeño, y empiezan a caminar hacia atrás. Es el Espíritu Santo regresándola.

Mi amigo Francisco Basán, pastor de Visión de Futuro, en Salta, Argentina, es precioso hombre de Dios, con una congregación hermosa, la más grande de aquella ciudad. Vino un día al Congreso del Espíritu Santo que estábamos celebrando en Tlalnepantla, Estado de México. Al regresar a su país y pararse ante su congregación, la gente empezó a reír; él no sabía de qué se reían, pero lo señalaban y se volvían a reír. Él miraba hacia los lados y hacia arriba para ver qué pasaba, y no sabía por qué su congregación caía con el gozo del Espíritu Santo, hasta que alguien le dijo que de su cabeza (él no tiene cabello) le salía «humo». El Rey David lo expresa así:

> *«Porque estoy como el odre al humo.»*
>
> —Salmo 119.83

Este mismo Francisco, un día leyó el pasaje de Malaquías 3.2:

«¿Y quién podrá soportar el tiempo de su venida? ¿o quién podrá estar en pie cuando él se manifieste?.»

Cuando abrió los ojos, la gente se había ido; quedaba él solo bajo el púlpito, tendido cuan largo es. Al decir estas palabras, el Espíritu Santo las cumplió en él mismo, derribándolo y dejándolo inconsciente por mucho tiempo.

No me cabe la menor duda que todos estos son, simplemente, pequeños casos, ejemplos de cosas aun mayores que Dios hará con sus siervos y con su pueblo. Vienen días en los que estaremos tan extasiados, tan asombrados, que lo que hoy está sucediendo quedará pequeño ante el despliegue tan grande del poder de Dios en estos últimos tiempos. Habrá una manifestación de su plenitud sin precedentes. Mientras más radicales seamos, mientras más locos nos volvamos por nuestro Señor, más grande será el impacto que vamos a hacer en esta generación.

Cuando la gente vea que somos personas dispuestas a obedecer a Dios y nos vean con un cristianismo real, vivo, gozoso y de poder, cuando miren que no estamos jugando juegos de cristianismo sino que estamos en serio, siendo puros de corazón, aborreciendo el pecado y amando a Jesucristo con todo nuestro ser, entonces creerán en Él.

Los que queremos obedecer fluiremos con la energía del Espíritu Santo, con lo sobrenatural de Él, con lo dinámico de su poder. Se cree que del año 2000 en adelante habrá un hambre grande por lo espiritual. Nos encontraremos viendo dos fuerzas en acción, espíritu contra espíritu:

- Entre el Espíritu Santo y Satanás.
- Entre la verdad y el error.
- Entre la sinceridad del creyente y el encaprichamiento del incrédulo.

El viento y el fuego estarán unidos como en Pentecostés, el aceite y el vino estarán juntos en vasijas dispuestas a derramarse sobre los obedientes. Será el tiempo cuando el Espíritu Santo aplicará con todo su poder lo que Jesucristo ganó por nosotros en la cruz del Calvario. Un tiempo donde el Espíritu Santo abrirá nuestros ojos para mirar a Jesús.

¡Es necesario obedecer!

Aprendí un gran ejemplo sobre la obediencia al leer sobre la mamá de Juan Wesley, quien fuera utilizado por Dios para uno de los avivamientos más grandes que ha habido en Inglaterra, y que sacudió al mundo en su tiempo. Susana Wesley, madre de diecinueve niños, una mujer que dio al mundo a Juan y Carlos Wesley, escribió algunos principios para criar niños.

- Cuando tenían un año (y algunos un poco menos), fueron enseñados a temer la vara y a llorar en voz baja; debido a esto evitaron la abundancia de corrección que de otra manera hubieran recibido...
- A fin de formar la mente del niño, la primera cosa que se debe hacer es vencer su voluntariedad y conducirlo a un carácter obediente.
- Ella nos dice brevemente cómo hacía esto. Sus hijos estaban limitados a tres comidas al día. Nunca les permitió comer entre comidas y les hacia comerse todo lo que estaba delante de ellos.
- Fueron corregidos desde muy temprano, para evitar que se formara un carácter terco que, al desarrollarse, hubiera requerido excesivo castigo para corregirlo. Ella llamaba «crueles» a los padres que en forma juguetona desarrollaban manías, hábitos en sus niños que luego tenían que ser removidos.
- Insistía en el hecho de que una vez que se corregía al niño, tenía que dominarlo. Debía ser enseñado desde temprana edad a temer respetuosamente a sus padres. Jamás permitió que alguna transgresión hecha deliberadamente escapara sin ser castigada.

Ella, escribió lo siguiente:

> *«Persisto en la idea de conquistar la voluntad del niño desde temprana edad, porque este es el único fundamento racional y firme de una educación cristiana, sin el cual tanto el precepto como el ejemplo, llegan a ser ineficaces. No puedo descartar este tópico sin agregar algo más. Puesto que la voluntad del "yo" es la raíz de todo pecado y miseria, cualquier cosa que alimente esto (la voluntad del yo) en los niños, asegurará de allí en adelante su desgracia y perdición, y lo que frene y mortifique a ello, asegurará su futura felicidad y piedad.»*

Esta mujer del siglo XVIII dio con la raíz misma del problema que nos aqueja el día de hoy. Es lo que llena las prisiones y deja hogares destruidos por el divorcio, que induce a nuestros jóvenes a la fornicación y al aborto: la voluntad del yo.

Susana Wesley cita la voluntad del «yo» como la única causa de toda miseria y pecado. Ella se declaró en contra de esta perversión innata y determinó desalojarla del corazón de sus hijos. Susana Wesley continúa diciendo:

> *«Esto es aun más evidente si consideramos que la religión no es otra cosa más que hacer la voluntad de Dios y no la de nosotros mismos, y que el único gran impedimento para nuestra felicidad en esta tierra y para la eternidad es la voluntad del "yo". Ninguna indulgencia de ello puede ser trivial, ninguna negación inútil. El Cielo o el infierno depende solo de esto.*
>
> *»Por lo tanto, los padres que se esfuerzan para dominar el "yo" en su hijo obran colaborando con Dios en la renovación y salvación de un alma. Los padres que ceden al "yo" colaboran con la obra del diablo, hacen la religión impracticable, a la salvación inalcanzable, y hacen todo lo posible por condenar el cuerpo y alma de su*

hijo para siempre.

»Nadie puede practicar mi método (para criar a los niños) sin renunciar al mundo en el sentido mas literal, y hay muy pocos, si en realidad existe uno, que dedicarían enteramente más de veinte años de la flor de su vida con la esperanza de salvar el alma de sus hijos, pues estos piensan que, para salvarlos, no se requiere de tantos esfuerzos.

»Concluyo diciendo que todo esto fue mi propósito principal, aunque posiblemente no lo realicé con todo el éxito y la habilidad que hubiera deseado.»

Si la vida cristiana está en tu corazón, entonces está la obediencia. ¿De qué se trata la vida cristiana? Es obedecer a Jesucristo exactamente como Él lo hizo con el Padre. *El Espíritu Santo es dado a los que obedecen.* Susana Wesley lo captó y formó en sus hijos la obediencia. Cuando el Espíritu Santo en el siglo XVIII buscó dónde reposar, encontró a Juan y Carlos Wesley.

Carlos fue un dirigente de alabanza tremendo. En cada mover del Espíritu Santo, Dios levantará a alguien que esté dispuesto a obedecer. Compuso alrededor de 6000 himnos en las reuniones de avivamiento. Fue tan importante la adoración, que el Espíritu Santo encontró en él dónde depositar esta habilidad (unción). Juan, su hermano, fue usado por Dios para salvar a Inglaterra de una revolución como la francesa.

En la época del avivamiento, en Inglaterra no sólo se produjo un cambio de orden moral en la personalidad de la gente, sino que sucedieron muchas sanidades y milagros. La excitación que despertaban los mensajes de Wesley era semejante a un temporal que pasaba por las multitudes, produciendo manifestaciones que nadie podía determinar ni impedir. (F.E. Mayer, *The religious bodies of America,* Missouri Publishing House 1961.)

En las reuniones que llevaba a cabo, a menudo había

excitaciones tremendas ocasionadas por el Espíritu Santo. Posiblemente sesenta casos de postración están anotados en su diario personal. Algunos de estos son:

21 de abril. En el ayuntamiento de Wraver, un joven fue tomado de repente por un violento temblor en todo su cuerpo. Pocos segundos después cayó al suelo, pero no cesamos de clamar al Señor hasta que él se levantó, lleno de paz y gozo.

21 de marzo. Por la noche, en la calle Nicholas, fui interrumpido casi desde que empecé a hablar por lo gritos de alguien a quien su conciencia le remordía tremendamente y gemía en alta voz, pidiendo perdón y gracia. Otra persona cayó al suelo cerca de uno que sostenía firmemente la doctrina contraria. Mientras el hombre contemplaba aquello asombrado, un niñito cerca de él se desplomó de la misma manera. Luego, un joven que se encontraba en pie a su espalda, fijó sus ojos en él y se derrumbó como muerto, comenzando seguidamente a gruñir y golpearse contra el suelo, de manera tal que apenas lo pudieron sujetar entre seis hombres.

22 de junio. En la sociedad, uno que estaba delante de mí cayó como muerto, y enseguida un segundo, y un tercero. Cinco más se derrumbaron en el transcurso de media hora, la mayoría de ellos en violenta agonía. (*The Journal of the Rev. John Wesley*, Vol. II, pp. 181,182, 203, 226).

Yo creo que nunca debemos tener miedo a las emociones cuando están bajo el control de Jesucristo y del Espíritu Santo. Es más, nuestras emociones no son nuestras sino de Dios, porque le pertenecemos ya que fuimos comprados con la sangre preciosa del Señor Jesucristo. Hay quienes jamás se emocionan por Jesucristo, porque tienen sus emociones controladas por su «yo» y, por supuesto, jamás querrán dejar el control de esto al Señor.

Juan y Carlos Wesley pudieron ser utilizados en una

forma tan tremenda gracias a que su mamá fue de buena influencia. En su temprana edad pudo prepararlos para obedecer y ser receptáculos del Espíritu Santo, para uno de los avivamientos más grandes que ha tenido la historia de la humanidad.

¡El Espíritu Santo es dado a los que obedecen!

Capítulo 10

El gozo de Dios

En diferentes ocasiones había asistido a las cárceles a predicar el Evangelio, pero donde empecé a sorprenderme fue en la ciudad de Salta, Argentina, cuando me invitaron para dar una conferencia allí. Recuerdo que al llegar me dijeron que sólo quedaban cuarenta minutos; que les predicara ese tiempo. Utilicé veinte minutos para hablar, En los siguientes veinte los presos cayeron desplomados al piso; algunos de ellos con gozo, para después pasar el último tiempo a la Santa Cena. Yo pensaba que si hubieran dejado este tiempo para que el Espíritu Santo siguiera, eso hubiera explotado.

Meses después tuve una invitación para asistir al Reclusorio Preventivo Oriente, en la Ciudad de México. Fue el 21 de febrero de 1996. Llegué y me senté en el comedor que utilizan nuestros hermanos cristianos dentro del penal para sus reuniones de estudio bíblico. Los reclusos empezaron a alabar a Dios de pie. Como yo venía cansado de trabajar toda la mañana y luego trasladarme por espacio de una hora al penal, me quedé sentado. Sentía un poco la mirada de una persona al frente de la alabanza, como si tratara de discernir: «*¿Qué pasa contigo?*»

Al estar sentado, le pregunté al Espíritu Santo: «Señor,

¿va a ser lo mismo que en Salta, Argentina? ¿Te dará el tiempo esta gente o se asustarán de ti? ¡Por favor, Dios, ten misericordia de ellos! ¡Mira su religiosidad, yo lo puedo percibir! ¿Y tú? Creo que están cansados de tanta palabra.» Le platicaba al Señor ahí en mi asiento: «Mira cómo repite aquel la Biblia de memoria, ¿estará tratando de impresionarme o así será la costumbre? ¿Realmente vive ese joven lo que dice de tu Palabra?»

Por fin terminaron de cantar y me dieron de inmediato el lugar, así que me paré, sin conocer quiénes eran y sin tener información exacta de esta iglesia dentro de un penal. Al levantarme de mi asiento, le dije al Señor: «¡Vine a ti, tal como lo dijiste!»

Al empezar a hablar, estas palabras salieron de mi boca e inmediatamente supe que era el Espíritu Santo hablando a ellos. Dije: «¿Saben cómo pasó Pablo sus prisiones? Y no eran prisiones tan bonitas como esta. Él no cometió ninguna fechoría como ustedes, pero ¿saben cómo pasó su tiempo en la prisión? Con el gozo del Espíritu Santo».

Inmediatamente abrí el libro de los Filipenses y les dije: «Yo veo que a ustedes les urge experimentar lo que Pablo experimentó. Aquí dice en su palabra: «Regocijaos en el Señor siempre. Otra vez digo: ¡Regocijaos!» (Filipenses 4.4).

Pablo escribió sobre el gozo de Dios por lo que pudo experimentar. Él saboreó lo que dice Nehemías 8.10: «El gozo de Jehová es vuestra fuerza.»

El apóstol escribió «la carta de la alegría» (Filipenses) dentro de la prisión, en circunstancias adversas, con el peso de la iglesia encima de su apostolado, y desde allí mandó esta carta de gozo para todos los que, como él, dentro o fuera, estaban tristes y sin fuerzas.

¡Qué hermoso es cuando Dios nos visita con su gozo. Sale uno de esta experiencia fortalecido, lleno, con energía espiritual. Todo se podrá estar derrumbando, pero su gozo en nosotros es nuestra fortaleza. Pablo le dijo a la iglesia de Filipos:

> *«Y aunque sea derramado en libación sobre el sacrificio y servicio de vuestra fe, me gozo y regocijo con todos vosotros. Y asimismo gozaos y regocijaos también vosotros conmigo.»*
>
> —FILIPENSES 2.17,18

Lo que Pablo estaba diciéndoles es que ellos también sintieran este mismo gozo afuera, como él lo estaba sintiendo adentro. La virgen María, cuando concibió del Espíritu Santo, también se regocijó. En el *Magnificat*, ella llega a exclamar:

> *«Engrandece mi alma al Señor; y* mi espíritu se regocija *en Dios mi Salvador.»*
>
> —LUCAS 1.46,47, ÉNFASIS AÑADIDO.

Ella lo experimentó porque el Espíritu Santo había venido a ella y su espíritu empezó a llenarse del gozo del Señor.

Hay veces que nuestras vidas están debilitadas y no encontramos la fortaleza ni la salida a nuestros problemas. Sofonías lo llega a expresar cuando en Sión se le debilitaron sus manos y su gente estaba fastidiada, con oprobio y carga. Él dijo:

> *«Jehová está en medio de ti, poderoso, él salvará; se gozará sobre ti con alegría, callará de amor, se regocijará sobre ti con cánticos.»*
>
> —SOFONÍAS 3.17

Tal vez te encuentras así, débil, fastidiado, con oprobio y una carga tremenda sobre tus hombros. Si es así, entonces permite que el Señor venga sobre ti y se goce sobre tu vida. Permítele regocijarse en ti. El Espíritu Santo vino sobre María y ella conoció la bendición del regocijo de Dios en su espíritu.

El doctor Lucas nos relata en el capítulo 10.17-21 de su

evangelio que los discípulos volvieron con gozo porque los demonios se sujetaban en el nombre de Jesús. Él les responde que no se regocijen de que los demonios se sujeten, sino que se regocijen de que sus nombres están escritos en el Libro de la Vida.

¿Te regocijas porque tu nombre está en el Libro de la Vida? Yo veo a muchos cristianos que jamás se regocijan por su salvación: están llenos de intrigas, rebeldía y amargura. ¿Sabes?, el gozo de Dios te libra de todo ello, porque cuando estás lleno de él no lo puedes estar con otra cosa; o eres lleno de uno o del otro. Escoge:

- Cristo o Belial.
- Gozo u odio y amargura.
- Luz o tinieblas.

En el versículo 21 es donde deseo que te fijes bien:

> «*En aquella misma hora* Jesús se regocijo en el Espíritu, *y dijo: Yo te alabo, oh Padre, Señor del cielo y de la tierra, porque escondiste estas cosas de los sabios y entendidos, y las has revelado a los niños. Sí, Padre, porque así te agradó.*»
>
> —Énfasis añadido.

Qué maravilloso encontrar esto. No sólo Pablo se regocijó, sino María y Jesús también. Estas cosas fueron escondidas por el Padre Celestial para el sabio y entendido. Actualmente encuentro a muchos así, que no entienden, porque su propia cabeza, llena de tantas cosas, les roba el disfrutarlo. Para recibir esto mismo que tuvo Jesús se necesita ser como un niño. El niño no tiene tanto conocimiento y sabiduría; sencillamente cree.

Yo me imagino a Jesús riéndose a carcajadas, tirado en el piso por el gozo del Espíritu saliendo de su vientre; así sucede para aquel que lo recibe. Cuando recibe no sólo un poco de alegría o de gozo sino ríos de regocijo del Espíritu

Santo, es casi imposible no doblarse o caerse. Por eso creo que Jesús, Pablo, María y todos los que lo han experimentado juntamente pueden testificar que es así.

Jesús lloró abiertamente, se gozó abiertamente y murió abiertamente. Él no escondió nada y yo no tengo por qué esconderles o no decirles de una manifestación del Espíritu Santo, tan hermosa y pura como lo es. ¿Por qué?, porque es de Dios, procede del Santo Espíritu. Uno se descuadra, se ríe de una manera como nunca pensó que lo fuera a hacer; no viene de la garganta ni del alma. Este gozo vienen del interior, del vientre, del espíritu a través del Espíritu Santo.

Los sabios y entendidos le han robado a la Iglesia la fortaleza de Dios por sus varios razonamientos: «¡Esto no es para mí ni para mi iglesia!» los he oído decir, y lo único que veo en ellos es debilidad, temores fuertes, cargas, fastidio por el llamamiento y sequedad. ¡El llamamiento es con gozo!

Jesús enfrentó problemas y supo cómo hacerles frente: *con el regocijo del Espíritu Santo*. Pablo enfrentó gran oposición y una serie de cosas muy difíciles en su llamado, y aun en la prisión se fortaleció con el gozo del Señor. ¿Por qué el gozo del Señor nos fortalece? Porque así lo escogió Él y punto. Está fuera de razonamiento, de entendimiento; así le plugo.

Pablo aun oraba con gozo (Filipenses 1.4), se gozaba de que Cristo fuera anunciado (1.18). Les decía que no le era molesto escribir las mismas cosas:

> *«Por lo demás, hermanos, gozaos en el Señor ... para vosotros es seguro.»*
>
> —FILIPENSES 3.1

Se gozaba cuando alguien tenía cuidado de él (Filipenses 4.10). En fin, una y otra vez Pablo les recordaría: *Regocijaos en el señor siempre*; no en algunas ocasiones sino *siempre*.

En Hechos 2, en el día de Pentecostés, una de las manifestaciones fue el gozo de Dios. Así lo menciona Pedro en su mensaje:

> *«Por lo cual mi corazón se alegró, y se gozó mi lengua ... Me llenarás de gozo con tu presencia.»*
>
> —Hechos 2.26,28

¿Has sentido alguna vez cómo tu lengua se goza? No estoy hablando de un chiste en una reunión social sino del gozo en tu corazón y en tu lengua; no se puede detener, no para de moverse poderosa y rápidamente. Cuando uno palpa la presencia de Dios y gusta de ella, esto sucede como consecuencia de la *llenura de gozo.*

Hechos 5.41 nos dice que después de haber sido azotados, salieron gozosos de haber sido tenidos por dignos de padecer afrenta por causa de su nombre.

Hechos 8.39 nos relata que el Espíritu Santo arrebató a Felipe después de bautizar al eunuco etíope, el cual no lo vio más, diciendo que el funcionario de Candace, *siguió gozoso su camino.*

¿Podemos nosotros, como María, Jesús, Pablo, los 120 en Pentecostés y el eunuco etíope, seguir gozosos nuestro caminar en esta tierra?

Hechos 11.24 nos dice que en Antioquía la gente se estaba salvando, y algunos de ellos eran griegos. La iglesia de Jerusalén envió a Bernabé para ver lo que estaba sucediendo. Una vez más recalco que los mismos apóstoles irían o enviarían gente con madurez y discernmiento para ver qué pasaba; no enviaban gente con una cabeza de mero conocimiento sino a aquellos que hubieran tenido experiencias con el mover del Espíritu Santo.

En este caso enviaron a Bernabé, que era:

- Varón bueno.
- Lleno del Espíritu Santo.
- Lleno de fe.

No enviaron a gente que sólo era buena o que tenía un poco de fe, sino gente *llena* del Espíritu Santo. Este Bernabé, cuando llegó, lo que hizo fue:

- Vio la gracia de Dios.
- Se regocijó.
- Exhortó a todos a que, con propósito de corazón, permanecieran fieles al Señor.

Lo primero que se dedicó a observar es si allí estaba la gracia de Dios. Cuando se dio cuenta de ello, se regocijó. Esta palabra es: «*Máxima expresión de gozo, alegría que se desborda.*»

Cuando Bernabé se pudo incorporar, los exhortó a permanecer fieles al Señor. Esto es muy importante para todos aquellos que han tenido esta experiencia de su gracia: *sea cual fuere la manifestación del Espíritu Santo, necesitamos permanecer fieles al Señor.*

En Hechos 13.48 encontramos que los judíos rechazaron la Palabra, por lo que Pablo les dice que se va a volver a los gentiles, entonces:

> «*Los gentiles, oyendo esto, se regocijaban y glorificaban la palabra del Señor.*»
>
> —Énfasis añadido.

Pablo y Bernabé encontraron oposición de parte de los judíos religiosos en Antioquía de Pisidia. Los versos 44 y 45 nos relatan la forma de oposición:

- Se llenaron de celos.
- Rebatían lo que Pablo decía.
- Contradecían y blasfemaban.

Cuando llegaron a este punto de blasfemar y contradecir, Pablo no tuvo más remedio que decirles que los iba a dejar y que se volvería a los gentiles. ¿Por qué? Porque cualquier palabra hablada contra el Hijo será perdonada, pero el que blasfema contra el Espíritu Santo no encontrará perdón, ni en este siglo ni en el venidero (Mateo 12.31,32).

Hay un punto donde no se puede seguir, y es cuando ofenden totalmente al Espíritu de Dios. Sin embargo, los gentiles se regocijaron, creyeron y glorificaban a Dios, difundiéndose la palabra por toda aquella provincia.

Es importante que mencione que el regocijo de Dios trae como consecuencia que:

- Se glorifique la palabra.
- Se crea más firmemente.
- La palabra se difunda más rápido.

En los versos 50 al 52 se nos dice que Pablo y Bernabé sufrieron persecución por los judíos, por mujeres distinguidas y por los principales de la ciudad expulsándolos de sus límites, pero ellos sacudieron el polvo de sus pies y, llegando a Iconio:

> «*Los discípulos estaban* llenos de gozo y del Espíritu Santo.»
>
> —ÉNFASIS AÑADIDO.

Este mover del Espíritu Santo no es solo de gozo; trae aparejado cosas aun más increíbles, pero no donde no lo quieren. Donde es anhelado se manifiesta doblemente fuerte. Así pasó en Iconio. Estaban *llenos* ¿de qué?:

- De gozo.
- Y del Espíritu Santo.

Cuando estás lleno de gozo y del Espíritu Santo la perspectiva de la vida cambia, así como tus circunstancias, tus valores, aun hasta tu ministerio, si eres algún dirigente de algo. Empiezas a descansar más en su obra que en la tuya, las cosas se empiezan a facilitar. ¿Por qué? porque estás lleno de Él y no de estrés o afán. Él se empieza a encargar aun de tu economía.

He visto a gente que tenía años de rencor y sufrimiento, siendo aconsejada cada semana, desgastándose y desgastándolo al consejero, pero cuando empezaron a estar llenos de gozo y del Espíritu Santo esto cambió de inmediato. Me he quedado sorprendido de la rapidez con que fueron libres. Ya no era el consejo sabio y de años de experiencia en consejería: el Espíritu Santo intervenía ahorrándonos el tiempo. Ahora, ¿para qué Dios nos ahorra este tiempo a los pastores? No es para que lo desperdiciemos y nos tiremos a dormir, sino para tener más tiempo en comunión con el Espíritu Santo.

También me he dado cuenta de que al estar lleno del Espíritu Santo estás tan energizado que es como si no te cansaras, aun el sueño se te va. He podido orar por muchas horas, una por una, y sin sentir cansancio, mientras permanezco en ese nivel.

¿Para qué se te va el sueño? Mira, no es para que te la pases viendo la televisión toda la noche sino para tener comunión con el Él y para que disfrutes de su compañía. Yo le he dicho a Dios: «Muchas gracias de que no tengo sueño hoy, así que nos la vamos a pasar a todo dar tú y yo esta noche.» Lo increíble es que cuando viene la mañana, no sientes el cansancio del desvelo, pero sí su unción en ti, su presencia, su llenura; ya no ministras en tus fuerzas sino en las suyas. Él provoca esto; te quita el sueño para que estés con Él. Después te mantiene en comunión e inmediatamente te fortalece, preparándote para lo que desea hacer. Todo comenzó en Él y termina en Él, no en ti.

> «Porque Dios es el que en vosotros produce así el *querer como el hacer, por su buena voluntad.»*
>
> —Filipenses 2.13

Es maravilloso estar lleno de gozo y del Espíritu Santo. Quien está lleno de gozo no puede estar lleno de tristeza, ni de odio, ni de amargura. Quien está lleno del Espíritu Santo no puede estar lleno de basura ni de inmundicia, porque Él es santo.

Lo que siguió en Iconio, según nos relata Hechos 14.1-5, es:

- Comenzaron a hablar con denuedo la palabra.
- Enseguida confiaron en el Señor.
- El Señor daba testimonio de la palabra de su gracia. ¿Cómo?
- Concediendo que, por las manos de ellos, fueran hechas señales y maravillas.

Si algo le hace falta a la iglesia de hoy son estos cuatro puntos. Esto siguió a la llenura de gozo y del Espíritu Santo. Cuando alguien es lleno de gozo y del Espíritu Santo, inmediatamente se reconoce su forma de hablar: esta cambia, convirtiéndose en una persona que habla con denuedo en la Palabra de Dios. La ama, la busca diariamente y la proclama. Después llega a tener una confianza en el Señor como un león que no vuelve atrás por nada (Proverbios 30.29). No se amedrenta por las circunstancias, por la crítica ni por los opositores.

El Señor confirma su palabra con señales: «estas seguirán a los que creen» (Marcos 16.17), y prodigios según vemos lo que sucedió en Iconio; pero también habrá gente que no va a creer, y que hará cosas contra la llenura del gozo y del Espíritu Santo.

Los versos 2, 4 y 5 de Hechos 14 nos relatan que:

- Los que no creían excitaron y corrompieron los ánimos de los gentiles contra los cristianos.
- La gente de la ciudad estaba dividida, unos con los judíos y otros con los apóstoles.
- Se lanzaron junto con los gobernantes para afrentarlos y apedrearlos.

Dime, ¿de qué lado quieres estar? Hay una excitación del Espíritu Santo sobre una ciudad, pero también está la excitación de la gente que corrompe, divide, afrenta y apedrea. ¿Qué actitud tendrás cuando la excitación del Espíritu Santo sobre su nidada empiece a ocurrir en tu iglesia, en tu ciudad, entre los hermanos en Cristo, los amigos, las iglesias de tu denominación o grupos afines? ¿Será de rechazo, lanzándote sobre ellos sin misericordia, hasta el punto de querer hacerlos desaparecer, afrentándolos y lanzando pedradas de crítica y corrompiendo los ánimos? ¿O permitirás ser lleno de gozo y del Espíritu Santo? El ataque es sin misericordia. La llenura del gozo y del Espíritu Santo —con sus diversas manifestaciones de señales, prodigios, proclamación de la palabra y fe— proviene de Dios ¿No lo crees?

El siguiente ejemplo lo encontramos en Hechos 16. Cuando Pablo y Silas fueron puestos en la cárcel por predicar la palabra y liberar a una muchacha que tenía espíritu de adivinación. Esto no les gustó a sus amos, porque dejaron de ganar dinero, al no tener ya, la joven, el poder de adivinar; el negocio se les acabó. Enojados, alborotaron a la ciudad y los arrojaron a la cárcel, poniéndolos en el calabozo de más adentro, asegurando sus pies en el cepo. No era fácil; estos calabozos dentro de la cárcel eran de lo más hediondo que podía haber en el Imperio Romano. El cepo era horrendo e incómodo, así que no estaban en una situación muy hermosa para poder alabar y adorar al Señor Jesús. No había guitarras eléctricas, ni dirigentes de alabanza, ni coros magníficos. Es más, no podían poner ni un casete de música de su cantante favorito. Pero orando a la medianoche, Pablo y Silas, en un tiempo de adoración al Señor, comenzaron a cantar himnos. Yo me los imagino cantando: «¡Santo, Santo, Santo!» «¡El gozo del Señor mi fortaleza es!» De pronto sobrevino un gran terremoto (v. 26).

Imagine que esto sucediera en su congregación un domingo en la mañana. Creo que ni con todo el dineral gastado en micrófonos ni trayendo a los mejores músicos a la ciudad, ha sucedido esto. No estoy hablando de un terremoto espiritual sino de uno natural. La tierra se movió y todo en Filipos empezó a caerse. Espiritualmente hablando, esto debe suceder cuando hay una adoración sincera a Dios. Pero aquí fue en lo natural, la tierra tembló:

- Todos los cimientos de la cárcel se sacudieron (v. 26).
- Al instante todas las puertas se abrieron (v. 26).
- Y las cadenas de todos se soltaron (v. 26).
- Las puertas de la cárcel se abrieron (v. 27).
- Él carcelero, afligido, pidió luz (y 29).
- S eprecipitó adentro (v. 29).
- Y temblando se postró a los pies (v. 29).
- Preguntó qué debía hacer para ser salvo (v. 30).
- Enseguida se bautizó (v. 33).
- Se regocijó con toda su casa por haber creído (v. 34).

Cuando hay una manifestación del Espíritu Santo he visto estos diez pasos:

- Todo se sacude.
- Todo se cae.
- Todo se abre.
- Todo tiembla.
- Todos se precipitan.
- Todos piden luz.
- Todos se postran.
- Todos creen.
- Todos se bautizan.
- Todos se regocijan.

Hay gente que sólo cree en una línea de doctrina: la luz que han recibido. Y van a la tumba con ella defendiéndola y apretándola entre los dientes. Yo no sé cuál fue la línea de doctrina que siguió el carcelero, pero no creo que sólo haya creído en el Señor Jesús como su Salvador y sólo se haya bautizado en el nombre del Padre, del Hijo y del Espíritu Santo.

Quizás si él hubiera estado después en alguna reunión donde el Espíritu Santo se manifestó y todo se sacudió, todos se cayeron, los endemoniados fueron libres porque se abrieron las cárceles y las cadenas se soltaron, o tal vez donde la gente tembló o se precipitó para recibir a Jesucristo, compungidos y arrepentidos, cayendo a los pies de los discípulos, o hubo el regocijo del Señor en la gente; no se hubiera sorprendido sino que se hubiera unido a ellos y hubiera cantado: «¡El gozo del Señor mi fortaleza es!»

Una de las manifestaciones que más me gusta y que me seguirá gustando —que menciono también en mi libro *La manifestación de su presencia*— es cuando la gente se precipita al frente o grita desde sus lugares: «¡Yo quiero! ¡Yo quiero!», y les pregunto: «¿Qué quieren?», y ellos responden: «Aceptar a Jesucristo, pedirle perdón.» Oh, mi corazón se emociona al ver a esta gente pidiendo luz, porque han visto la única salida a sus prisiones. Se han dado cuenta de que el único camino para soltarse de sus cadenas es el Señor Jesucristo.

Las manifestaciones del Espíritu Santo no sólo nos llevan a una experiencia más, sino que se encaminan a una comunión más profunda con Él, apuntando a la salvación de la gente. Me he dado cuenta también de que las personas que reciben con regocijo al Señor Jesús pronto lavan las heridas de otros o se convierten en instrumentos de consolación para gente de la iglesia o de otras comunidades, quienes han sido heridos y maltratados por su propia gente. Y ministran así, poniendo el bálsamo del Espíritu Santo que habita en ellos. Otros se hacen muy cercanos al pastor o al líder por su espíritu de servicio, sirviéndoles y siendo en sus hogares un remanso de tranquilidad y paz.

Qué hermoso es llegar a una casa como la del carcelero de Filipos, donde tus heridas por el fragor de la batalla del día son vendadas, y encuentras allí un espíritu de servicio con el gozo de Dios.

San Pablo dijo en Efeso, según Hechos 20.24:

> *«Pero de ninguna cosa hago caso, ni estimo preciosa mi vida para mí mismo, con tal que acabe mi carrera con gozo, y el ministerio que recibí del señor Jesús, para dar testimonio del evangelio de la gracia de Dios.»*

Qué hermoso testimonio del evangelio, ¿no lo crees? Él no hacía caso de nada, ni estimaba su vida, con tal de acabar su carrera y su ministerio *con gozo.* ¿Qué gozo sería, si él mismo había dicho «*regocijaos* en el Señor siempre»?

Isaías 29.19 dice:

> «*Entonces los humildes* crecerán en alegría en Jehová, *y aun los más pobres de los hombres se gozarán en el Santo de Israel.*»
>
> —Énfasis añadido.

¿No crees que el apóstol Pablo, que fue uno de los apóstoles más tremendos usados por el Señor y a quien el Espíritu Santo le inspiró parte de su palabra en sus cartas, haya crecido en alegría, gozo y regocijo en el Señor? Si aun los más pobres se gozan en el Santo de Israel, ¿no piensas, acaso, que él, que fue pobre en espíritu, hambriento, sediento, creciendo siempre en el Señor, creció en gozo? ¿No será que nuestro orgullo no nos deja recibir este mover del Espíritu Santo hoy? ¿O habremos llegado ya a tan grande alegría, gozo y regocijo que no necesitamos más? Quizá ya sobrepasamos a San Pablo en nuestra vida espiritual y ya no necesitamos seguir nuestra carrera y terminarla con gozo del Señor.

Ya me imagino al apóstol Pablo cuando murió. Se cree que los romanos le cortaron la cabeza y la pusieron en lo alto de un muro, para ejemplo, espectáculo y testimonio de todos aquellos cristianos que le siguieran, pero creo que en su cara había *una sonrisa del gozo de Dios.*

Capítulo 11

La increíble esperanza de ser llamado por Dios

Este mover del Espíritu no es algo de una sola manifestación sino de muchas de ellas. No podemos encajonar su obra en una sola manifestación.

Cuando estuve en el Reclusorio Preventivo Oriente, de la Ciudad de México, de pronto la gloria de Dios cayó allí. El Espíritu Santo empezó a tocar a los presos de una forma extraordinaria, eran bañados por la unción del Espíritu Santo. Los hermanos de la cárcel, junto con los otros que estaban ahí, empezaron a desplomarse al suelo, como si fueran tocados por un rayo. Las tinieblas tuvieron que hacerse a un lado para dar paso a la luz; unos reían estruendosamente, a otros el fuego del Espíritu Santo los empezó a quemar, a otros los embriagó el vino de Dios como en Pentecostés, mientras que a otros les empezó a escurrir el aceite del Espíritu Santo en sus manos. Sorprendido, uno de ellos —que no había recibido a Cristo— se acercó a mí, asustado, mirándose atónito las manos. Recibió al Señor y allí mismo se desplomó. ¡Vaya Pentecostés que estaba teniendo lugar en esta prisión! Su pastor,

Gerardo Torres Lepe, ahora muy amigo mío y quien lleva siete años como pastor en esa cárcel —y preso once años— veía azorado lo que pasaba con su gente. Los otros presos que no habían entrado al salón de reunión veían impresionados lo que acontecía en ese momento, algunos de ellos corrieron hasta donde nos encontrábamos para pedir que Jesús entrara a sus vidas. Otros se fueron a sus celdas, «ebrios» del vino del Espíritu. Esto ha traído una conmoción a este penal y una frescura a nuestros hermanos que están en la cárcel.

La unción ha ido creciendo, haciéndose más fuerte. Gente cristiana ha ido a curiosear o han asistido para recibir un toque de Dios dentro del penal. Lo que está sucediendo es fabuloso, toda la doctrina que tenían y los versículos y más versículos de la Biblia que tenían memorizados, ahora se les ha vuelto palabra viva, con una fe fuerte y una convicción tremenda en su amor por el Señor Jesús. Hay gente que ha ido a predicar y sale de ahí ministrada, orada y revolcada por el poder del Espíritu Santo.

Gente que no creía en este mover del Espíritu Santo, ha tenido que tirar por la borda sus dudas, criticas e incredulidades ante la manifestación poderosa del Señor dentro del reclusorio.

¡Qué maravilloso! El Espíritu Santo vino excitando su nidada en la cárcel, revoloteando sobre los polluelos sedientos que están dentro de este nido donde Él ha tenido misericordia, y donde la gracia de Jesucristo y el amor del Padre han sido derramados.

Hay presos que el Señor los ha tomado en éxtasis, visiones o sueños. A algunos los ha llevado por espacio de tres horas arrebatados por su Espíritu; otros —al menos tengo noticia de tres de ellos— ya pueden salir bajo fianza, pero no quieren, por esta visitación tan grande de Dios en sus vidas. Dicen que por años han estado allí y no habían probado o gustado del Espíritu Santo, y que ahora no quieren irse por no perder este mover tan sobrenatural que están experimentando. Ahora hay fuego, hay vida, hay gozo de Dios en ellos. Ahora, igual que Pablo, ¡se regocijan en el Señor siempre! Como él, pueden estar en la prisión con el gozo del Espíritu Santo, con la plenitud de su presencia, con las delicias de Dios.

Las esposas e hijos de estos presos también han recibido de este mover. Gerardo me pidió que si por favor lo representaba en la celebración de los 15 años de su hija Lizette. Yo sabía que esto era una responsabilidad y a la vez un privilegio, porque no es fácil hablar a una señorita de esta edad que ha sido una hija fiel y excelente cristiana, sabiendo que yo representaba a su papá, tan amado por ella. En su fiesta, y en actitud de acción de gracias a Dios, no sabía qué decirle. Sólo recuerdo que le dije: «Lizette, el Espíritu Santo quiere darte un regalo en tus 15 años.» Ella me miró con los ojos bien abiertos para ver qué sería. Entonces le dije: «Recibe su gozo.» En ese momento, el Espíritu Santo la tocó de una manera hermosa.

¡Cumplir 15 años y recibir de regalo el gozo de Dios! Este fue, realmente, el mejor regalo para ella delante de gente inconversa. Su padre en la prisión y ella disfrutando «tan grande regalo, incomparable, sublime y bello».

Hay hijos pequeños de nuestros hermanos en prisión que aun dentro de la misma, cuando han ido a visitar a sus papás para alabar y adorar junto con ellos en las reuniones que celebran dentro del penal, han recibido el vino de Dios. Se levantan ebrios para poner sus manos sobre los otros presos, sobre visitantes cristianos o sobre sus mismos padres, quienes caen desplomados.

En una ocasión les dije a los presos que estaban en la reunión que los que estuvieran enfermos se acercaran e hicieran una rueda alrededor de mí. Sesenta de ellos se acercaron y me rodearon. Al orar por ellos se desplomaron al suelo, como si fueran de papel. Yo pensaba que caerían hacia atrás, pero cual fue mi sorpresa que todos, al instante, cayeron hacia adelante sobre mí. En un momento yo estaba abajo de estos sesenta hombres, fuertes y robustos. Alguien tuvo misericordia de mí y a jalones me sacó de esa mole humana. Un abogado de los que iban con nosotros en ese día dijo: «No me cabe duda que estos van siempre contra toda ley; no la respetan.»

¿Sabes? Me encanta visitarlos, porque tienen un hambre impresionante de Dios. Un día fui a comer con ellos. La verdad es que ni pude comer. Se sentaron a la mesa y los principales líderes, junto con Gerardo, no dejaron de bombardearme con preguntas por espacio de tres horas. Yo dije: «Señor, ¿cuándo sucederá esto afuera, en el mundo supuestamente libre? ¿Cuándo será que los pastores y líderes, los siervos y consiervos puedan sentarse a la mesa y podamos bendecirnos unos a otros, y aprender de lo que Dios le ha dado a otro consiervo? Cuando esto suceda no dudo que estaremos cerca de ver la segunda venida del Señor Jesucristo.

Recuerdo al pastor de una iglesia grande, cuando un día me senté a su lado en una comida para pastores. Invitado por sus ayudantes, yo había ido un año atrás a visitar su congregación. En aquella ocasión, el Espíritu Santo hizo una entrada fabulosa al lugar. Un viento fuerte y poderoso entró de repente a la iglesia. La gente cayó al suelo, otros empezaron a gritar, los demonios huyeron de las personas, otros tuvieron gozo y otros más estaban ebrios o con fuego del Espíritu Santo. Era la primera vez que esto sucedía en el lugar, el cual se refrescó por el viento de Dios.

Este hombre de Dios, el pastor, no estaba allí dadas sus muchas invitaciones en el extranjero, por lo que yo, contento, estaba sentado junto a él comiendo y supuse que me iba a comentar algo ya que él acababa de probar en otra parte el mover del Espíritu Santo y había sido tocado tremendamente. Así que pensé: «*Qué bueno; me va a enseñar lo que Dios le ha dado.*» Cuál fue mi sorpresa cuando sólo me miró de reojo y me dijo: «Supe que fuiste y Dios se movió grandemente.» «¡Oh, sí! Fue tremendo!», le respondí. Fueron las últimas palabras que cruzamos hasta el día de hoy. Él se volvió, medio molesto, comió, yo comí, terminamos, nos levantamos y jamás nos despedimos. Al estar sentado en esos momentos, yo me preguntaba: *«¿Qué hice? ¿En qué fallé? Si algo hice, ¿por qué no me lo dice?»*

Lo tremendo de esto es que hay gente que no es enseñable; piensan que ellos siempre te tienen que enseñar ti, porque ese es su llamado. Yo creo que este mover del Espíritu Santo nos ha sido como una escuela para los que llevamos veinte años en el ministerio, o para los que tienen tres, cinco o treinta. ¿Por qué? Porque nunca lo habíamos vivido, ni nadie lo había enseñado. Por lo menos así fue para mí.

Ahora hay jóvenes y pastores con poco tiempo en el ministerio, pero que tienen una comunión grande con Dios y una gran sensibilidad al mover del Espíritu Santo.

Siempre que hay un mover de las alas del Espíritu Santo provocando despertamientos o avivamientos surge un nuevo liderazgo, pero muchos líderes y cristianos se sienten ofendidos. Tal vez por una falta de madurez en los jóvenes, que ellos consideran esencial, o porque carecen de adiestramiento, porque después de haber una visitación hay un bajón espiritual y, por lo tanto, nada se ganó, o porque se piensa que los cimientos de las instituciones ya formadas se pueden venir abajo, o porque hay emociones incontrolables.

Así le sucedió a George Whitefield, cuando enfrentó gran oposición. En Escocia, en 1742, Ralph Erskine, importante ministro presbiteriano, junto con otros empezaron a difamar a Whitefield. ¿Por qué? Porque amenazaba su reputación. Ellos escribieron un planfleto titulado: *Declaraciones, protesta y testimonio del remanente sufriente de la verdadera Iglesia Presbiteriana de Cristo en Escocia, Antipapista, Antíluterana, Anticlerical,* antiwhitefieldiana, *Antícristiana, Antisectaria.* En él afirmaban que Whitefield no tenía una conversión limpia, que era un idólatra escandaloso, un miembro del Anticristo y una bestia salvaje (Dallimore, *George Whitefield*, p. 132).

Otra persona que fue víctima de grandes desprecios y de gran oposición fue Jonathan Edwards: tuvo un rápido crecimiento en su iglesia y comenzaron a criticarlo de excesos. Las controversias que enfrentó fueron grandes, de tal forma que terminaron con su pastorado. En 1748 fue despedido de su iglesia, se quedó sin trabajo y con muy pocos amigos. Esta fue una de las experiencias más tristes de su vida, pero él no permitió que esto se convirtiera en amargura ni habló mal de aquellos que lo acusaron injustamente. Con el pasar de los años fue descubierta la falsedad de muchas de las acusaciones que habían ocasionado su retirada de Northampton y fue reconocido mundialmente por su ministerio durante los avivamientos.

En la cárcel pude aprender de ellos, de su lucha diaria, de su hambre y su amor por Dios, además de su humildad. Gerardo y su gente comenzaron a aprender sobre el vivir en el Espíritu. Las siguientes líneas, son de una carta de Gerardo a varios pastores e iglesias del país. Creo que te será de bendición, así como lo fue para mí:

«"...así ignoras la obra de Dios, el cual hace todas las cosas."
—Eclesiastés 11.5b

»14 de mayo de 1996

»Todo empezó cuando, estando muerto en mis delitos y pecados, clamé a Dios y dije: "Cómo quisiera saber si Dios existe. Y si existiera y me llamara, le serviría." Poco tiempo después me vi en problemas legales y, por consecuencia de ello, me detuvieron en Guadalajara, Jalisco, y me transladaron al Reclusorio Preventivo Oriente, en el D.F., donde tuve un encuentro personal con mi Señor Jesucristo.

Estando aquí, en mis momentos de tribulación, recordé esa frase: "Si existieras y me llamaras..." Fue aquí donde Dios empezó a tratar con cada área de mi persona. Suena y parece fácil decir estas palabras, pero la verdad es que no es fácil morir a uno mismo

»Así fue como Dios empezó la buena obra en mi ser y la perfeccionará hasta el día de Jesucristo (Filipenses 1.6). Quiero decirles que en medio de estas circunstancias difíciles empecé a caminar con Jesucristo, con gran fuerza y con mucho ánimo, a pesar de que me encontraba en estas situaciones adversas, y que mi familia también estaba sufriendo las consecuencias de mi pecado.

»Realmente, mi problema por el cual estoy aquí es muy difícil, humanamente hablando. Aun así me aferré en fe y amor a Dios y comencé a servirle en este lugar. Quiero decirles que aunque paso cada día por pruebas y aflicciones, de todas ellas me libra Jehová. De hecho, Él me ha dado la victoria en cada área de mi vida, y por esa causa soy más que vencedor. Pero no contaba que yo mismo me iba a ocasionar un tropiezo. ¿Por qué? Porque era como el caballo; esto es, desbocado, impaciente y sin freno (Salmo 32.9).

»Quiero decirles que desde el comienzo de mi caminar con Jesucristo me dispuse a dejar lo malo para buscar obtener lo bueno de Dios. Mi lema es: "Si en lo malo busqué ser el mejor; cuánto más ahora para con mi Dios", pero yo no contaba con que la Palabra de Dios dice: "No depende del que quiere, ni del que corre, sino de Dios que tiene misericordia" (Romanos 9.16). Esto es muy importante. Por consecuencia me sentí "transado" con Dios, y cometí el error de dejar entrar la apatía y el desánimo, por lo que mi caminar con Dios se fue deteriorando. ¿Por qué? Porque yo leía mucho la Palabra de Dios acerca del mover del poder de Dios y de sus promesas, de ser movidos en este poder a los que le siguieran. También leía en libros cristianos de diferentes autores, acerca de que el poder de Dios es para hoy también. Por

esta causa anhelaba grandemente el llegar a ser usado por Dios en ese poder, pero no sucedía así conmigo. Era tanta mi hambre y mi sed por Dios y su latente realidad, que buscaba quién me enseñara o me dijera cómo obtener dicho poder.

»Tal vez tú estás en esta condición ahora; o tal vez te hayas vuelto conformista, o tal vez seas religioso y digas dentro de ti "Esto ya no es necesario en este tiempo". Tal vez eres mediocre y no quieres dar más de ti porque deseas seguir teniendo algunas reservas, para seguir dándole placer a tu carne, cosa que no quieres dejar. O estás en una denominación donde el "Santo Sanedrín" ha determinado en sus corazones robar la bendición del mover del Espíritu Santo a su pueblo, para guardar las apariencias y su "especial cordura". ¡Dios te libre! y tenga misericordia de ellos, porque están como dicen las Escrituras: "¡Duros de cerviz, e incircuncisos de corazón y de oídos! Vosotros resistís siempre al Espíritu Santo" (Hechos 7.51).

»Después aprendí que Dios nunca llega demasiado tarde ni tampoco muy temprano (lo que Él decide, nada más). Durante mi trayecto de caminar con Dios he conocido a cristianos de diferentes grupos y denominaciones, en los cuales he visto un poco del mover de Dios y mucho de la Palabra. Tal vez esto es bueno, pero no tan bueno, porque la Escritura dice que "la letra mata, mas el Espíritu vivifica" (2 Corintios 3.6). Por lo cual yo me propuse buscar no tan sólo la letra sino lo que proviene del Espíritu de Dios, y obtuve la experiencia sobrenatural del bautismo del Espíritu Santo, con el hablar en lenguas, y empecé a predicar con denuedo y en algunas ocasiones orar por los enfermos, viendo que algunos sanaban. Pero no me conformaba con esto, pues yo sabía que había algo más que esto, porque Jesucristo dice: "Mayores cosas que estas ustedes harán en mi nombre" (Juan 14.12, versión libre). Es más, yo me consideraba que ya lo había aprendido todo, pues en este lugar tienes buen tiempo para

escudriñar la Palabra, para leer y orar. Además, nos visitan muchos cristianos de diferentes denominaciones, quienes traen sus doctrinas y nos las han enseñado. Por lo tanto, recibes mucha información mas no revelación, por consiguiente terminas muerto por causa de la letra, aunque uno no se da cuenta o uno no quiera reconocerlo. Terminamos como dice la Escritura: "Tienes nombre de que vives, y estás muerto" (Apocalipsis 3.1).

»Fue así como empecé a caer en una decadencia espiritual, y por mi falta de madurez, en lugar de ir hacia adelante empecé a retroceder y a ceder en algunas áreas en cuanto a los deseos de la carne, los cuales, según yo, tenía sometidos. Inclusive siendo yo pastor incurrí en cierto libertinaje de la carne, al grado que decía que estaba bien. Aunque puedo decir que, gracias a Dios, muchos no se dieron cuenta de mi estado espiritual. Dios, que escudriña la mente y el corazón, sí lo sabía, y poco tiempo después mi esposa, a quien amo, se dio cuenta. Para entonces la misericordia de Dios se dejaba sentir en mi espíritu y mi mente de tal manera que empecé a pelear conmigo mismo, y me exhortaba a mí mismo, diciéndome: "Gerardo, ¿cómo es posible que quieras ser usado por Dios? Mira lo que estás haciendo." Hasta me regañaba solo, y Dios por su lado, cuando me ponía a orar, traía la cita de Apocalipsis 5.20 a mi memoria, invitándome a tener comunión con Él. Al principio yo decía "No, esta palabra no es para mí; es para evangelizar a los inconversos", pero en su gran misericordia me mostró que era para los que nos decimos cristianos y que hemos caído, aunque no lo reconozcamos. También me invitaba a buscarlo de todo corazón, y a dejar de hacer lo que yo pensaba que estaba bien. Por lo regular me daba la cita de Amós 5.8,14,15 que dice: "Buscad al que hace las Pléyades y el Orión, y vuelve a las tinieblas en mañana." Así que Dios me habló con cuerdas de amor (Oseas 11.4) y por consiguiente me dije a mi mismo: "Gerardo, vuelve a tu primer amor y haz las cosas

primeras" (Apocalipsis 2.4,5).

»Pues bien, Dios empezó la obra de restauración en mi vida; lógicamente hubo mucha guerra, pero Dios, que es misericordioso, me dio la victoria en todo. Aprendí una gran lección y que todo lo que nos pasa tiene que ver con el llamado que Dios nos ha hecho desde el momento de la conversión a Cristo. Tienes que ser preparado y probado a través de muchas circunstancias, y pasar tus propios desiertos para ser llevado a la madurez y así poder colaborar con Dios en el ministerio que Él ha determinado darte (Romanos 8.28-39).

»Recuerdo que antes de decaer espiritualmente, esto fue más o menos en 1993, leí unos libros de Benny Hinny. Créanme, yo anhelaba llegar por lo menos a la altura de ese varón de Dios, así que ayunaba, estudiaba, leía y oraba, pero no pasaba nada. Y por no saber esperar en el tiempo de Dios fue que me desanimé y abandoné, de tal manera que caí en tibieza espiritual. Como consecuencia, me trajo derrota en algunas áreas de mi vida. Pero cuando empezó mi restauración me llegó a las manos un libro de la vida de Kathryn Kuhlman, que gracias a Dios me animó en gran manera y me motivó a esforzarme; y, gracias a Dios, salí de ese atolladero.

»¿Sabes? El propósito de escribir estas cosas que sucedieron es para animarte a proseguir tu caminar con Dios, y para que llegues hasta el lugar o la circunstancia donde vas a ser ungido por Dios, para que tu llamado empiece a tomar forma. Aunque quiero decirte que no todos son llamados para lo mismo; pero eso no implica que no debas buscar la presencia latente del Espíritu Santo y su unción, para que seas de grande bendición en el área o ministerio que Dios te tenga preparado.

»Así que durante año y medio, aproximadamente, viví como en la montaña rusa; o sea, con altas y bajas, ¡y qué bajas, desgraciadamente! La pelea fue encarnizada, pero gracias a Dios salí más que vencedor.

»Sólo Dios, mi esposa y yo vivimos esta realidad.

No puedo dejar de mencionar que Lety tuvo que ver en gran manera con mi restauración; sus oraciones, su amor y su comprensión me ayudaron a seguir adelante. Que Dios le conceda las peticiones de su corazón y la siga bendiciendo con toda bendición espiritual. Amén y amén. Así que de nuevo empecé a esforzarme y a salir adelante. En febrero del '96 conocí, por conducto de unos hermanos en Cristo, a Fernando Sosa, quien tiene un mover precioso del Espíritu Santo y fue él uno de los que Dios usó para encender esa llama que se había apagado en mi corazón; quiero decirles que yo creía que nada más los hermanos extranjeros eran los que tenían ese poder precioso del Espíritu Santo, y para mí fue una gran sorpresa que también aquí en México hubiera varones que han pagado el precio para ser vasos de barro, usados por mi Señor, Espíritu Santo (2 Corintios 4.7). Lo más precioso de esto es que Fernando dispuso su corazón para enseñarnos pacientemente cómo obtener esa preciosa unción del Espíritu Santo.

»Quiero decirles que unos días antes de conocerlo me prestaron un vídeo, donde vimos las manifestaciones del poder del Espíritu Santo, e inmediatamente lo invité a venir a este lugar, pues yo me dije: "Es tiempo de aprovechar la bendición que Dios está poniendo delante de nosotros." Lógicamente, esto me motivó de nuevo a buscar lo que yo había buscado años atrás y que no había obtenido, así que me dije a mí mismo: "¡Vamos, Gerardo; esfuérzate una vez más o muere!", y determiné en mi corazón empujar con todo mi resto, y emprendí de nuevo la búsqueda de esa preciosa presencia del Espíritu Santo y su unción.

»Empecé a ayunar y a orar con dedicación y mantuve mi espíritu abierto a lo que iba a recibir de Dios a través de Fernando, quien el día 21 de febrero nos empezó a enseñar acerca del Espíritu Santo y sus manifestaciones. Después de la enseñanza fue a los hechos, o sea no fue tan solo palabra sino verdadero poder de Dios. Esto nos motivó a seguir adelante con mayor determinación, no

importando el precio a pagar, ni las consecuencias. Después regresó a la siguiente semana, el miércoles 28, para confirmar lo que nos había enseñado, y de nuevo el poder del Espíritu Santo se dejó sentir y ver. Después Fernando nos visitó el martes 12 de marzo y nos dio preciosas enseñanzas para que pudiéramos intimar más con Nuestro Señor Espíritu Santo.

»Recuerdo que un hermano de la congregación me dijo: "¿Y usted, pastor; cuándo va a empezar a moverse con el poder del Espíritu Santo?" Yo le contesté, con ciertos interrogantes en mi corazón: "Cuando menos te lo esperes." Bien, pues, el miércoles 27 de marzo, durante mi madrugada de oración, le propuse matrimonio al Espíritu Santo y le dije que si Él me aceptaba, en el servicio de la tarde me diera un sí, manifestándose. ¿Qué creen que sucedió? La presencia del Espíritu Santo descendió sobre mí y me ungió con su poder, e inmediatamente después que me hubo derribado me levanté con su poder y me empezó a usar con sus diversas manifestaciones. ¡La gloria, la honra y la alabanza son para Él! Desde ese momento y hasta el día de hoy mi precioso Espíritu Santo no ha dejado de tocar a los congregantes en diferentes formas.

»De nuevo, sentí en mi corazón leer los libros de Benny Hinn, y la unción que reposa sobre mí me abrió un mayor entendimiento, y me dejó ver un panorama mejor de la persona del Espíritu Santo, de su unción y de los propósitos por los cuales Él descendió. Esto, por consecuencia, me trajo más luz acerca de cómo intimar con mi Señor Espíritu Santo. Comí los libros con gran hambre y sed espiritual, y gracias a Dios también me confirmó las enseñanzas que había recibido de mi hermano Fernando Sosa.

»Quiero decirles que en estos mismos días recibí contestación de Benny Hinn a una carta que le había mandado en diciembre del 95, y gracias a Dios su carta me confirmó lo que me está sucediendo aquí, ya que él está orando por nosotros. Una de las claves importantes que aprendí del libro La unción fue que debemos morir cada día a la carne a través de la oración. Me propuse

orar por lo menos tres horas al día. De hecho, cada día que pasa voy aprendiendo algo más acerca de la presencia de mi Señor Espíritu Santo y de su poder. Créanme, a estas alturas se me hace increíble que lo que tanto busqué por muchos años, ahora lo estoy empezando a vivir. No hay palabras para describir lo que se siente al empezar a caminar en el llamado que Dios me ha hecho; creo que el gozo que siento ahora es el principio de lo que se siente al ser parte y colaborador activo de un "tesoro increíble que está en el cielo"; y al alcance de nuestras manos a través de la oración. También aprendí algo muy importante: el llamado lo hace Dios, y lo hace a su manera y en su tiempo. Realmente, a nosotros nos corresponde esperar el tiempo de Dios. Mientras esto sucede, debemos seguir perseverando en nuestro caminar con Dios, con mucha paciencia y fidelidad. Créanme, no es en balde el tiempo que tarde en cumplirse el llamado de Dios; todo lo que pasemos en lo que se manifiesta su llamado nos sirve para ser probados, para madurar y, sobre todo, para que cuando llegue el llamado lo valoremos en gran manera y lo cuidemos con temor y temblor.

»Antes de tener la unción pasamos muchas circunstancias, y nos cuesta mucho recibirla. Esto es para que la apreciemos y la cuidemos en gran manera; cuando hablamos de la unción, estamos hablando de la presencia misma del Dios Todopoderoso, el Espíritu Santo. "Lo uno no es sin lo otro". Mi precioso Señor y amado Espíritu Santo es quien trae el poder; es decir, la unción.

»Por lo tanto, no vayamos a ser como Esaú, que vendió su unción por un plato de lentejas (Hebreos 12.16,17). ¡Estemos muy alertas! Imagínense, después de haber pasado once años buscando, y perderla por cualquier manto babilónico o por un plato de lentejas sería lo más insensato y malagradecido que yo haría. Pero, gracias a Dios, mi Señor Jesucristo está conmigo y no me deja estar solo un momento, y aparte mi Señor Espíritu Santo siempre me tiene alerta. ¡Bendita sea la Deidad Eterna! Padre, Hijo y Espíritu Santo, que me sostiene con su gran poder. A Él y sólo a Él sean la honra, la gloria y la alabanza por todos los siglos! Amén y amén.

»Pero aquí no termina este asunto. Mi hermano Fernando Sosa vino a visitarnos una vez más el 17 de abril, y nos enseñó más acerca del precioso mover del Espíritu Santo, y de nuevo sus manifestaciones se dejaron ver. Yo creo que ya estamos siendo parte del libro de los Hechos del Espíritu Santo. Amén y amén.

»Tal vez tú te sientas "transado" por Dios, como yo me sentía, y tal vez por tu falta de madurez no has sabido esperar el tiempo en que Dios va a hacer las cosas, y te has desanimado; te has abandonado al pecado y has llegado a pensar que Dios no te ama, o que Él hace acepción de personas, etc. A ti te digo: vuélvete a Dios, y como dice el Salmo 32.5 y Proverbios 28.13, "Él que los confiesa y se aparta alcanzará misericordia". Créeme, Él te restaurará, y cuando vea que has determinado caminar en santidad y la estés practicando, entonces este será el principio de algo que Dios hará a través de ti, según el propósito para el cual te ha llamado. Quiero decirte que vale la pena en gran manera el esperar el tiempo de Dios. Aún ahora se me hace increíble que Dios me haya llamado y me haya sacado de lo vil y menospreciado, y me haya equipado con la presencia latente de mi amado Señor Espíritu Santo y de su poder. Aun así, me pregunto y te pregunto: ¿Sabes tú el significado y la magnitud de las palabras "ser llamado por Dios", así como la responsabilidad que este llamado conlleva?

»Si estás dispuesto a pagar el precio por obtenerlo, Dios también está dispuesto a darte el llamado y la unción que viene de la presencia misma del Dios Todopoderoso Espíritu Santo.

»Recuerda: lo que hayas sido en otro tiempo no importa; Dios no hace acepción de personas (Gálatas 2.6). Jesucristo es el mismo ayer, hoy y por los siglos (Hebreos 13.8). Persevera en hacer el bien (Romanos 2.7), y por último, la Escritura dice: "Velad y estad firmes en la fe; portaos varonilmente y esforzaos." Mientras tanto, "deléitate asimismo en Jehová, y él te concederá las peticiones de tu corazón" (Sal 37.4).

»"Recibiréis poder, cuando haya venido sobre vosotros el Espíritu Santo" (Hechos 1.8).

»Al Padre, al Hijo y al Espíritu Santo sean la gloria, la honra y la alabanza. Amén y amén.

»GERARDO RAMÓN TORRES LEPE, PASTOR DEL GRUPO CRISTIANO GENTE NUEVA, RECLUSORIO PREVENTIVO ORIENTE.»

Capítulo 12

Bajo el régimen del Espíritu Santo

«Pero ahora estamos libres de la ley, por haber muerto para aquella en que estábamos sujetos, de modo que sirvamos bajo el régimen nuevo del Espíritu y no bajo el régimen viejo de la letra.»

—ROMANOS 7.6

NACÍ BAJO UN RÉGIMEN ESTRICTO y apegado a la Palabra de Dios, gracias a que mis padres eran cristianos. La iglesia a la que asistíamos era grandemente misionera y celosa de sus leyes y estructuras. La iglesia el Divino Salvador, en la que fui enseñado en mi niñez y adolescencia, tenía su fuerza en las misiones y llegó a ser en los cincuentas y sesentas una congregación de 2000 personas. Cuando tenía vacaciones, las pasaba en la Escuela Bíblica desde las 7 de la mañana. Mi papá fue estricto en cuanto a la asistencia a la Iglesia, no sólo conmigo sino también con mis hermanos. Mis amigos de la infancia eran de la iglesia, así que crecí bajo un régimen cerrado, tanto de la Iglesia como de mis padres. El baile, el alcohol, el tabaco, eran sencillamente del diablo, y ni mis hermanos ni yo no podíamos juntarnos con eso.

Cuando tenía 14 años de edad, el Espíritu Santo pasó por ahí aunque yo no me di cuenta, pero Él revoloteó y lo único que sentí era que necesitaba algo más que lo que había aprendido, así que busqué una iglesia que me llenara.

El Espíritu Santo me cambió a otro régimen, a otra estructura, a otra denominación que en los setentas llegó a ser de gran alcance socioeconómico y cultural para gente que no había sido alcanzada: hombres de negocio y profesionales estaban ahí. «Horeb» era la iglesia, y pronto tomó liderazgo dentro de su organización. Su pastor era un hombre sabio y prominente que se destacó por su gran oratoria, celo y amor por la obra del Señor Jesucristo.

Cuando recibí el bautismo con el Espíritu Santo, Él me llevó a orar varias horas al día, y de ahí empezó una búsqueda intensa, no sólo del Señor sino de otras gentes que hubieran recibido esta experiencia, dado que en las dos iglesias donde había estado no lo enseñaban, ni lo aceptaban. Encontré un grupo casero donde se reunían entre semana de veinte a treinta personas. Este grupo creció en gente y en experiencias, el Espíritu Santo estaba ahí y se le daba el lugar. Muchas personas fueron bautizadas con el Espíritu Santo y con su subsecuente manifestación de hablar en lenguas. Éramos extraños, porque esto sólo se daba en los grupos pentecostales. De pronto, el Señor bautizó con su Espíritu Santo a mucha gente dentro de este grupo, al cual se le puso el nombre de «Amistad Cristiana» . No estaba afiliado a ninguna organización o estructura de su tiempo, así que pronto despuntó. Hubo un crecimiento que dejó sorprendidos a muchos y en pocos años fue punta de lanza en cuanto a la alabanza y la adoración, con grupos de estudio para matrimonios, con una juventud pujante y llena del Espíritu Santo.

Muchos grupos nuevos quisieron afiliarse o adoptar el nombre de Amistad Cristiana. Los desayunos cristianos pronto se hicieron populares, alcanzando a gentes que igualmente se habían dejado de alcanzar: profesionales, hombres de negocio y gente acomodada.

A diferencia de la anterior iglesia a la que yo había asistido, esta sí creía en el bautismo con el Espíritu Santo, y esta gente lo recibía. Sanidades, liberaciones, profecías y los dones del Espíritu Santo fluían. Muchos grupos empezaron a copiar la forma, obteniendo grandes resultados; la gente aprendió a ser generosa con su dinero hacia la obra y esta creció rápidamente a unas 8000 personas. En los setentas y ochentas llegó a ser una congregación líder. Era otro régimen y estructura; fue maravilloso aprender y estar cerca de ella.

En los noventas el Espíritu Santo me llevó a otro régimen: al suyo. Este régimen te lleva a aprender y a depender totalmente de Él. No a una forma ya establecida, que sabes que sí va a funcionar. Este régimen es fascinante y de mucha expectación, porque no hay reglas ni formas. No sabes lo que va a pasar hoy o mañana. Es, sencillamente, someterse a su guía. Es un régimen nuevo, no es uno de leyes, formas o letras; es totalmente espiritual.

Una de las características que hubo en el avivamiento de Gales, en sus inicios, con Evan Roberts, y en Inglaterra con Juan Wesley, fue precisamente esta: no había formas, leyes o estructuras. Con Roberts muchos predicadores se sorprendieron, porque todo se salía de la forma aprendida, aun en la manera de alcanzar a la gente. El Espíritu Santo intervenía, los redargüía, los convencía de pecado y los introducía a Cristo.

Con Wesley sucedió lo mismo: olas y olas del Espíritu Santo venían mientras predicaba y nada podía oponerse a la intervención gloriosa de Dios. Tiempo después había miles de personas salvadas, pocos obreros preparados y, prácticamente, nada de gente denominacional que quisiera ayudar. A Wesley, no sabiendo él qué hacer, su madre le aconsejó que podía hacer uso de los laicos. De ahí se formaron las «sociedades». Estas se empezaron a estructurar y a tomar forma para retener lo ganado, pero al principio no fue así. Lo triste es que se cayó tanto en la forma y en lo metódico que el Espíritu Santo partió de allí años después.

Si el Espíritu Santo fue el que atrajo, redarguyó, guió y levantó a la iglesia, ¿por qué entonces no seguir su guía de nuevo? Es más fácil acomodarse y sentarse que sacudir lo que se está empolvando.

Cuando el Espíritu Santo empieza con otro movimiento o se levanta a revolotear sobre una nueva generación, los que fueron levantados con el anterior revoloteo no quieren saber nada con el nuevo mover de sus alas. Yo no lo entiendo muy bien, pero ha sido lo mismo siempre. En cuanto a mí, yo deseo volar sobre cada viento nuevo, régimen nuevo, ola nueva o sistema nuevo o como lo quieran llamar: quiero seguirlo siempre.

Muchos creen que la voluntad de Dios es solamente que seamos convertidos o que levantemos nuestras grandes iglesias, pero cuando estás sometido al nuevo régimen del Espíritu Santo es porque el control, sencillamente, ya no lo tienes tú: lo tiene Él.

La voluntad de Dios es que seamos guardados y dirigidos por el Espíritu Santo en la vida diaria. Lo que quiero decir es que debemos obedecer a Dios en todo aspecto de nuestra vida: rendidos y renunciando a nosotros mismos nos hacemos sumisos a la voluntad de Dios, a fin de hacer solamente lo que Él indica. Se trata de que en todas nuestras actividades hagamos no lo que queremos, sino de la obediencia a la dirección del Espíritu Santo, y cuando uno lo obedece hay una gran recompensa: el gozo de Dios, su presencia, su gloria.

Jamás conocí mayor gloria, presencia o comunión con el Señor como cuando decidí morir cada día para no hacer mi voluntad sino la suya. Fue ahí donde conocí que el Espíritu Santo, una vez más, estaba revoloteando y excitando su nidada en todo el mundo. Fue en las horas silenciosas de su presencia cuando escuché su aleteo para seguirlo. Y no me arrepiento de haberle obedecido.

Este régimen del Espíritu Santo es tan bello que le he dicho: «Si haces otro movimiento más, no me dejes a un lado; quiero todo tu mover, toda tu vida. Oh, Espíritu de Dios, no quiero dejarte un solo segundo de mi existencia.»

En mi niñez, adolescencia y juventud estuve en el régimen de la letra, de la forma, de la estructura. Quise zafarme de ello y cuando lo hice fue a través del bautismo con el Espíritu Santo. Creí que eso era todo, que era lo máximo. Cuando empecé a predicar me di cuenta que ya estaba en otro régimen similar; me zafé otra vez por hambre y sed de Dios y Él me dio ríos de su presencia. Para mí el disfrutar de este nuevo mover es reconocer a un hombre de Dios ungido y pedirle que ore por mi. ¿Saben por qué? Porque nadie es suficiente en sí mismo: sólo Dios lo es. Es hermoso cuando uno puede ser ministrado por otro que tenga unción. Yo lo he hecho por algunos, pero a la vez tengo la necesidad de ser ministrado también.

Recuerdo un sábado a las 7:00 de la mañana, cuando en la reunión de oración de hombres en nuestra iglesia le pedí a los presentes que oraran por mí. Sentí un golpe en el rostro: era la mano del Espíritu Santo. Caí al piso desplomado y empecé a gritar, gimiendo en el Espíritu Santo: «¡Mis hijos, mis hijos!» Ellos jamás me habían visto así, pero pudieron ver a un hombre igual que ellos, necesitado de su oración. No eran los grandes ungidos; es más, con los grandes ungidos jamás he sido tocado tan fuertemente como con los hombres de oración del sábado por la mañana. Sencillamente, era el Espíritu Santo a través de ellos, para enseñarles mi necesidad y mostrarme a mí que Él usa a quien quiere. Su régimen es parecido a una escuela: Él es «el Maestro» y punto.

Dios, a través de la historia, ha buscado un pueblo que le obedezca, que pueda entrar en su régimen, para instruirlo, capacitarlo en la forma que opera su Espíritu Santo;

cómo dirige e impide, cómo escoge y habla. Son muy pocos los dispuestos a pagar el precio.

El Espíritu Santo no es sirviente de nadie. Él es Dios, es Maestro y Guiador; es Señor. El Espíritu Santo tiene capacidad de sentir aun el dolor y los sentimientos de cada uno de nosotros. Él es tierno, lo más delicado de Dios. Los dos regalos más grandes que el Padre nos dio fueron, primero Jesucristo, y segundo el Espíritu Santo. Hoy necesitamos entrar en la escuela del segundo Don. Los discípulos estuvieron en la escuela de Jesucristo, pero cuando vino el Espíritu Santo entraron a la de Él, en Pentecostés.

Hay gente que se mueve en los dones del Espíritu Santo, pero los dones son muy diferentes a su presencia; hay gente que camina en los dones, pero el régimen o escuela del Espíritu Santo es muy distinto. Yo le he dicho al Espíritu Santo: «Enséñame, guíame, dirígeme. Sé tú mi maestro.»

2 Corintios 3.6 nos dice que DIos:

> *«...nos hizo ministros competentes de un nuevo pacto, no de la letra, sino del espíritu; porque la letra mata, mas el Espíritu vivifica.»*

Él nos introdujo en un nuevo régimen del Espíritu de Dios para vivificarnos o avivarnos. Cuando entras en una nueva dieta o régimen alimenticio, quitas todo lo que no te va a ayudar. Cuando entras a la escuela del Espíritu Santo, inmediatamente Él te introduce en un nuevo régimen y empieza un proceso para caminar en la unción, para aprender a caminar en el Espíritu y para moverte en Él; es un nuevo régimen para que crezcas en carácter. No es en la escuela de tu religiosidad o de tu denominación; es en el instituto del Espíritu Santo. Ahora estamos bajo el régimen nuevo. ¿Por qué? Porque hemos muerto, y lo primero que hace el Espíritu Santo es llevar tu carne a la cruz del Calvario. Romanos 8.13 dice:

«Porque si vivís conforme a la carne, moriréis; mas si por el Espíritu hacéis morir las obras de la carne, viviréis.»

El Espíritu Santo es el que te da las fuerzas y el que te ayuda a vencer tu carnalidad, porque la lleva a la cruz del Calvario y te somete a su disciplina. Cuando permitamos al Espíritu Santo hacer lo que Él quiera con nuestra vida, inmediatamente nos llevará a ser crucificados interiormente. ¿Para qué? Para ser sensibles a las cosas espirituales. Una de las cosas que se opone a esto es el «yo». El «yo» siempre se opone a la muerte espiritual.

Lo que desea el Espíritu Santo con este nuevo régimen es crucificar en nosotros al hombre interior, para que entonces Él pueda trabajar libremente para moldearlo y así nosotros poder discernir su voluntad. A veces este proceso puede ser muy lento, según nosotros permitamos hacerlo. Lo que quiero decir es que la gran dificultad es el «yo», que siempre quiere hacer algo, no permitiendo así el control total al Espíritu de Dios.

Esto puede ser lento, como sucedió con Kathryn Kuhlman, que en los últimos diez años de su vida fue usada grandemente por Dios, o rápido, como sucedió con Benny Hinn, a quien desde muy joven Dios ha estado usando grandemente, dependiendo qué tanto tenga que luchar el Espíritu Santo contra nuestro «yo», o qué tan dispuestos estemos para morir cada día, dejándolo poner nuestra carne en la cruz. El poder de la carne siempre luchará y tratará de oponerse, resistiendo a Dios.

Un concepto de pecado es el «yo» casado con el diablo. Él «yo» que se opone a la cruz siempre estará dirigido por lo terrenal o lo diabólico, siendo un enemigo que se opone para escuchar a Dios y para hacer caso al Espíritu.

El hombre ha querido hacer siempre las cosas según sus propios métodos, cuando quiere y como él quiere, pero esto no funciona. Este nuevo régimen es morir a lo que estábamos sujetos, a las pasiones pecaminosas que estaban obrando por ley en nuestros miembros, llevando fruto para muerte (Romanos 7.5). Tenemos que morir y ser crucificados, para que todo sea según el método de Dios y la voluntad de Dios y la dirección y guía del Espíritu Santo.

Hay personas que me dicen: «Yo quiero la unción, yo quiero el poder.» Pero las cosas del Espíritu Santo están siendo dadas no a los deseos de alguien, sino a aquellos que están perdiendo su vida para Cristo, y que están dispuestos a darle todo a Él.

En este régimen:

- Se baja para subir.
- Se pierde para ganar.
- Se da para tener.
- Se muere para vivir.

Y esto es contrario al «yo», al intelecto o al razonamiento. Este mover del Espíritu Santo que hay en la actualidad choca totalmente contra el razonamiento y la lógica. Por eso a muchos les cuesta digerirlo. Este mover de Dios es para aquellos que, en verdad, estén dispuestos a perderlo todo por causa de Cristo y a pederlo para siempre; no es para aquellos que están tratando de conseguir algo con ello, sino para quienes estén dispuestos a llegar al fin del «yo», porque solamente cuando llegamos a este punto es cuando entendemos las cosas maravillosas que hay en el Espíritu. Entonces aprenderás a caminar en el Espíritu y a pensar en el Espíritu, y a no sentirte algo «muy importante», sino solamente «un siervo» y nada más que eso.

Cuando el Espíritu Santo vino en Pentecostés, los 120 congregados en el aposento alto entraron inmediatamente en un nuevo régimen, dentro de la Escuela del Espíritu Santo. Antes estaban en la Escuela de Jesucristo, mas ahora en la del Espíritu Santo. ¿Por qué? Porque el Espíritu Santo es Maestro. Jesús dijo:

> *«Mas el Consolador, el Espíritu Santo, a quien el Padre enviará en mi nombre, él os enseñará todas las cosas, y os recordará todo lo que yo os he dicho.»*
>
> —Juan 14.26

Así que cada día le puedes decir: «Por favor, Espíritu Santo, enséñame; guíame en tu palabra.»

Un día le dije: «Espíritu Santo, ¿por qué suceden estas manifestaciones tan gratas y tan divertidas cuando tú te manifiestas?» Y el Espíritu Santo me respondió: «Es que me gusta salir al recreo con aquellos que quieren estar en mi escuela.» «Entonces, Espíritu Santo, yo amo tu gozo, amo el ver a la gente llena de ti, con tu vino, y me emociona cuando tiemblan. Si tú lo amas y te gusta, a mi también me encanta, y si tú te deleitas con tus otras manifestaciones, entonces a mí también me encantan.»

Si al Espíritu Santo le place hacer estas cosas es que nos quiere enseñar algo, porque Él es el Maestro; a mí lo que me toca solamente es seguirlo, preguntarle por dónde va y dejarme guiar por Él.

Cuando el Espíritu Santo empieza a tomar a una persona, le pregunta: «¿Quieres entrar a mi escuela?» Si responde que sí, entonces lo comienza a guiar y a someterlo a un nuevo régimen; esta persona ya no puede ir a donde quiera, sino sólo someterse a la guía de su Maestro. Cuando llenas la solicitud para ingresar, Él te pregunta: «¿Quieres mi unción?» Si respondes que sí, Él te dice: «Voy a llevar tu carne a la cruz y no te va a gustar; te va a doler y te va a costar todo. Primero te voy a dar un toque, y luego vas a tener que crecer, y luego te van a malentender, pero yo estaré contigo, sosteniéndote, y seré tu Consolador. Ya no tendrás a otro, yo soy el único que podrá consolarte, porque ya has roto con el cordón umbilical que te tenía unido a lo antiguo, a lo viejo.»

Cuando tú dices: «Señor, yo quiero entrar a tu escuela», Él lleva tu naturaleza pecaminosa a la cruz. Esta transición duele, y a veces uno llora como niño que es llevado al jardín de infantes por primera vez, y que al ser dejado sufre y le cuesta acomodarse a su maestro, a una disciplina diferente a la que tenía.

En la escuela del Espíritu Santo, Él te somete a su régimen que es nuevo. Ahí te pone una nueva dieta, donde te enseña sus frutos, te enseña a tener compasión para amar como Él ama, te enseña a que no es la unción «por la unción misma», sino para andar y tener humildad y aprender a creer a pesar de las circunstancias; te lleva a depender totalmente de Él, ejercitándote en el dominio propio.

Cuando los israelitas entraron a Canaán, el maná cesó. Moisés no pudo entrar a la tierra de la promesa porque representaba la ley, la regla, la letra, la forma. El legalismo jamás te podrá introducir a las promesas de la tierra nueva.

La dieta que habían tenido por cuarenta años también se acabó. La queja, la amargura, la incredulidad tenían que quedarse en forma de doce piedras dentro del río Jordán, en señal de que morían a todo lo que su corazón deseaba. Ahora iban a tener una nueva dieta: los frutos; ahora era otro régimen con otro líder; otra generación diferente. Lo viejo tenía que quedar atrás, tenía que morir. Ahora podían comer de las uvas, ahora era una nueva época; estaban excitados por tomar la tierra de la promesa. Era una nueva generación que no le temería a nada, y pondrían bajo sus pies a treinta y tres reyes paganos e idólatras.

Cuarenta años atrás, Josué y Caleb les habían dicho: «Podemos entrar. Miren, estos son los frutos. Si ustedes quieren probarlos, ¡vamos en pos de ellos!» La generación que salió de Egipto no quiso, estuvieron al borde de la Tierra Prometida y no quisieron tomarla, regresándose a dar vueltas durante cuarenta años en el desierto.

La generación que creció en esas vueltas en el desierto soñó con la tierra que veían con los ojos de la fe. Sabían de las maravillas que Dios había hecho en Egipto cuando sus padres salieron de allí, pero no se conformaron a que quedara en historia. Ellos querían ver con sus propios ojos; querían las promesas de Dios cumplidas en ellos. No se conformaron a que doce príncipes hubieran gustado de los frutos, ellos querían saborear las uvas. Fue una generación distinta que entró en un nuevo régimen, donde dieron por terminado con lo antiguo.

Las aguas del Jordán se abrieron y probaron que lo mismo que Dios había hecho abriendo el Mar Rojo lo estaba realizando de nuevo. ¡Qué sensación deben haber experimentado al pasarlo! Algunos reirían con temor; otros llorarían; otros, de espanto, caerían y tendrían que levantarlos para pasarlos. Otros temblarían de pies a cabeza, mientras que otros gritarían «¡Lo volvió a hacer! ¡Dios lo hizo de nuevo! ¡Es real; hemos pasado en seco como nuestros padres! ¡Lo volvió a hacer!»

A veces leemos la Biblia y creemos que porque no nos narra las emociones del pueblo de Israel no las tuvo. ¡Sí, mi amado amigo! ¡Sí se emocionaron, con todo lo que sus emociones pudieron dar! Me imagino que gritaron, bailaron, aplaudieron, hicieron piruetas, se sacudieron con temblor y tuvieron reverencia, gran temor y respeto por Dios.

Desde el día que cruzaron hasta el día que poseyeron la tierra cada día fue diferente. Lee todo el libro de Josué y el libro de los Hechos del Espíritu Santo en el Nuevo Testamento: cada día fue de expectación, cada día lo saborearon, lo vivieron intensamente. Lo monótono se había ido, lo viejo de la letra había quedado atrás. Las vueltas de «siempre lo mismo» se terminaron. Así sucede cuando uno entra en la Escuela del Espíritu Santo y se somete al nuevo régimen, lo rutinario del cristianismo se termina. Ahora hay frutos, hay vivencia diaria, hay ejercicio espiritual, se tiene una mente diferente, no conformista, No se soporta solamente el oír lo que Dios hizo con otros avivamientos o visitaciones. Es ahora una nueva generación la que dice: «¡Lo volvió a hacer! ¡Dios lo hizo de nuevo! ¡Es real!»

Nosotros somos la generación que llegaremos a gritar

lo mismo, y de hecho ya lo estamos haciendo. Cada vez que veo a Dios intervenir y romper con lo monótono y cambiar todo, puedo gritar: «¡Lo volvió a hacer; es real!» Lo mismo que hizo con Wesley, con Roberts, con Edwards y con otros avivamientos, ahora está enfrente de nuestros ojos: ¡Dios lo hizo de nuevo! De ti depende que te quedes al borde de la Tierra Prometida y te conformes con la historia de los abuelitos. Nunca he sido conformista, ni lo seré. Yo quiero seguir probando los frutos del Espíritu Santo y gustando de las maravillas de Dios.

Dios no se queda quieto, el Espíritu Santo siempre está en movimiento y Él es el mismo ayer, hoy y por los siglos.

Hay muchos que creen que ya conocen todas las formas o movimientos del Espíritu Santo. Este tipo de gente piensa que ya se graduó en la Escuela del Espíritu Santo. Recuerden que San Pablo terminó su carrera con gozo. Hay gente que no quiere recibir esto que está sucediendo en los noventas como el inicio de un mover más fuerte de Dios. Los que piensan que ya se graduaron, creo, están muy equivocados, porque apenas somos unos «párvulos» o principiantes en las dimensiones del Espíritu Santo. Pero conforme vayamos conociendo más de su guía y enseñanza, vamos a subir de grado de escolaridad y vamos a poder mirar, discernir y aceptar cada movimiento del Espíritu de Dios por muy sencillo y ligero que este sea, así como lo fue el silbo apacible, por el cual Elías identificó que Dios estaba allí.

He notado que cuando en la actualidad hay una manifestación del Espíritu Santo y la reunión es organizada por gente que no conoce de su mover, esta confunde las manifestaciones del Espíritu Santo con una actividad diabólica. Esto se da por una falta de sensibilidad y de discernimiento. Esta gente (aunque sean pastores) tratan de liberar a la persona de los demonios, y lo único que hace es confundir a la persona que tuvo la manifestación.

En una ocasión, al inicio de cierta conferencia, un

joven cayó de su asiento al piso. Me di cuenta que estaba totalmente ebrio del vino del Espíritu Santo. Los líderes se levantaron asustados y lo quisieron cargar y llevarlo afuera, para liberarlo. Al darme cuenta de ello, les pedí que lo trajeran al frente, y ahí quedó las tres horas que duró la reunión, totalmente saturado del Espíritu.

En otra ocasión, varios jóvenes salieron ebrios de la reunión a la cual me habían invitado. Uno de ellos era hijo de un pastor que desconocía lo que el Espíritu Santo estaba haciendo, así como la diversidad de las manifestaciones de Dios. Al llegar el hijo a casa oliendo al vino de Dios y comportándose totalmente como un ebrio, el padre, sumamente enojado, le dijo:

—Hijo, ¿qué has hecho, en dónde has estado?

Él le respondió:

—En la reunión de jóvenes.

El padre se molestó y le dijo:

—Eres un mentiroso y desconsiderado. ¿De qué ha servido todo lo que te hemos enseñado? ¿Ahora llegas ebrio a la casa y esperas que te crea?

Él hijo, todo descuadrado y balbuceando, le decía:

—De verdad, Papá. Es el Espíritu Santo.

—¡Qué Espíritu Santo ni qué nada —le dijo el pastor, y empezó a golpearlo para castigarlo.

Esta es la triste realidad de un pastor que nunca se matriculó en la escuela del Espíritu Santo, y que no se ha sometido al nuevo régimen de Dios, ocasionando gran pesar a su hijo que tanto ama; todo por no captar lo que Dios está haciendo hoy.

Esta realidad es la misma de muchos líderes hoy, pero atrás viene gente empujando; es una generación distinta que quiere tomar los frutos y la tierra, porque Dios ha prometido que los justos heredarán la tierra. Es una generación que está pidiendo con urgencia un cambio, y muchas veces estamos sordos a su clamor. Pero Dios no lo está. Esta gente nueva es la que sigue a Josué, nuestro precioso

Jesús, y que está dispuesta a todo, como la hija de Caleb, que le dijo a su padre:

> «*Concédeme un don; puesto que me has dado tierra del Neguev,* dame también fuentes de aguas. *Él entonces* le dio las fuentes de arriba, y las de abajo.»
>
> —JOSUÉ 15.19, ÉNFASIS AÑADIDO.

Ella había tenido de ejemplo a su padre, Caleb, que hacía más de cuarenta años atrás había dicho: «Tomemos la tierra.» La hija tuvo el mismo carácter y aun más: le pidió fuentes de aguas, y su papá, solícito, le dio fuentes de arriba y de abajo. Así es para nosotros. No sólo queremos la tierra sino también las fuentes de aguas, porque la tierra sin estas es estéril y sin fruto. Hay una generación de hijos que no están contentos sólo con algo de la tierra, sino que desean las fuentes de aguas, y Dios, solicito, dará las fuente de arriba y de abajo, esto quiere decir que Él cubrirá la tierra con su gloria, como las aguas cubren la mar.

> *«Dios nos da más abundantemente de lo que pedimos o entendemos, según el poder que actúa en nosotros.»*
>
> —EFESIOS 3.20, VERSIÓN LIBRE.

La hija de Caleb tenía esta misma actitud de su padre, otro espíritu diferente al del conformismo y de la incredulidad del pueblo de Israel años atrás. Ella representa la generación nacida en el desierto, que no vio las maravillas de Egipto ni la incredulidad de Israel. Ella representa a una generación diferente que clama, que pide que se le conceda un don a cambio de su petición, y se le dan fuentes de aguas que cubren la totalidad de su posesión, arriba y abajo. Así hace el Padre Celestial, como Jesús menciona en Lucas 11.10-13:

> *«Porque todo aquel que pide, recibe; y el que busca,*

> *halla; y al que llama, se le abrirá. ¿Qué padre de vosotros, si su hijo le pide pan, le dará una piedra? ¿O si pescado, en lugar de pescado, le dará una serpiente? ¿O si le pide un huevo, le dará un escorpión? Pues si vosotros, siendo malos, sabéis dar buenas dádivas a vuestros hijos, ¿cuánto más vuestro Padre celestial dará el Espíritu Santo a los que se lo pidan?*
>
> —ÉNFASIS AÑADIDO.

La hija de Caleb sabía que su padre no le iba a negar un don. De igual forma, tampoco nuestro Padre celestial nos negará el don del Espíritu Santo. Pedro lo dice muy claramente en su predicación el día de Pentecostés, en Hechos 2:38:

> «*Arrepentíos, y bautícese cada uno de vosotros en el nombre de Jesucristo para perdón de los pecados; y* recibiréis el don del Espíritu Santo.»
>
> —ÉNFASIS AÑADIDO.

¡Qué regalo tan maravilloso es el Espíritu Santo! Cuando lo tenemos, es tener en nosotros las fuentes de aguas de arriba y abajo en todo nuestro ser. Jesús mencionó en Juan 7.38,39:

> «*El que cree en mí, como dice la Escritura,* de su interior correran ríos de agua viva. *Esto dijo del Espíritu que habían de recibir los que creyesen en él; pues aún no había venido el Espíritu Santo, porque Jesús no había sido aún glorificado.*»
>
> —ÉNFASIS AÑADIDO.

La hija de Caleb tenía una mentalidad diferente y quiso más. Así es para aquellos que quieren más: de su interior correrán ríos de agua viva porque se han acercado al Padre Celestial, humildemente, pidiéndole: «Dame el don del Espíritu Santo».

La generación que toma la tierra por heredad también tendrá las fuentes de aguas. Tendrá los dones del Espíritu Santo fluyendo desde adentro de su ser. Esto es por querer ser distintos a las generaciones anteriores. Son gente que desea caminar en la novedad del Espíritu Santo. Si uno quiere la promesa del Espíritu necesita desearlo con todo su corazón, y tomar la decisión de andar en novedad de vida, no en la vejez de la letra o de un sistema de reglas, sino en la obediencia al Espíritu Santo, mediante nuestra unión con Jesucristo.

El régimen del Espíritu Santo es importante porque te introduce a su dieta; a veces te dirá: «Ayuna»; en otras ocasiones te impedirá ir a algún lado, como le sucedió a Pablo cuando le fue prohibido por el Espíritu Santo hablar la Palabra en Asia (Hechos 16.6). A veces te dirá: «Ven, quiero estar toda una tarde o una noche contigo en comunión, porque necesito ejercitarte en oración, como ejercité a Jesús. Ven, te voy a llevar al monte y te rodearé de mi nube, así como lo hice con Moisés y con Jesús» (Éxodo 24.18; Lucas 9.34). O te dirá: «Voy a ponerte a una persona a tu lado que no la podrás soportar, pero te voy a enseñar a amarla para que crezcas en carácter y en mis frutos de amor.»

La gente que ha sido bautizada con el Espíritu Santo y habla en lenguas ha creído que eso es todo lo del don del Espíritu Santo. Otros han creído que es solamente un sello, mientras que otros opinan que son algunos dones fluyendo. Pero la promesa del Espíritu es más que eso: es entrar en un nuevo régimen, en un sistema, no humano sino espiritual, para que caminemos en el Espíritu, para que deseemos las cosas del Espíritu, para que tengamos su mente y no satisfagamos las cosas de la carne. ¡Es para desear lo del Espíritu!

La gente a la que no le gusta lo del Espíritu debiera hacer un alto y pensar si no se detuvieron en lo viejo y en la letra, solamente.

Lo que me gusta del pasaje de Romanos 7.6 es que dice

que es bajo el régimen nuevo del Espíritu.

Es nuevo, y si así lo es, entonces empiezas a caminar con lo nuevo de Él, con su disciplina, con su nueva dieta, con su nuevo mover. Siempre habrá un nuevo mover del Espíritu para cada generación, para que viva en el Espíritu y no coquetee más con la carne, sino que esté sometida cada día al régimen del Espíritu. Esto significa que siempre debemos andar bajo su control.

Pablo dijo en Gálatas 5.16:

> *«Andad en el Espíritu, y no satisfagáis los deseos de la carne.»*

Y en el verso 18:

> *«Pero si sois guiados por el Espíritu, no estáis bajo la ley.»*

Y en el verso 25:

> *«Si vivimos por el Espíritu, andemos también por el Espíritu.»*

Prácticamente, nos está diciendo: «Manténte siempre en el Espíritu y prosigue por el Espíritu.» El régimen nuevo del Espíritu es:

- Andar en el Espíritu.
- Ser guiado por el Espíritu.
- Y vivir por el Espíritu.

El verso que me llama la atención es el 18, que dice que si así lo hago, *no estoy bajo la ley*. Cuando una persona se decide por este régimen nuevo del Espíritu, no está bajo la ley, ni bajo una estructura de reglas; ni siquiera podemos ponerle estructura a este mover del Espíritu Santo, de tal forma que cada uno que se está moviendo por el Espíritu Santo pueda decir: «De esta forma que yo lo hago, así lo debes hacer tú.» No puede ser así. ¿Por qué? Porque no es bajo el régimen del hombre sino del Espíritu Santo.

A veces lo queremos estructurar y someterlo a la forma que creemos es la adecuada. Me he dado cuenta que en cada cultura, en cada país es muy diferente. Hay gente que es fría y calculadora y hay otra que es muy alegre, expresiva y desorganizada. El frío y calculador quiere que los alegres y expresivos se ajusten a su organización y a la forma que aprendieron, ¡hasta caer al suelo en orden! A los otros esto les parecerá ridículo. La realidad es que ninguno debemos tratar de decirle al Espíritu Santo: «Así lo hiciste conmigo, así lo debes de hacer con los demás.» Algo que se nos ha olvidado es que el Espíritu Santo es Señor y no nuestro sirviente. Me parece que mientras más se lo trata de estructurar, menos se manifiesta.

> «*Porque el Señor es el Espíritu; y donde está el Espíritu del Señor,* allí hay libertad.»
>
> —2 Corintios 3.17, énfasis añadido.

Capítulo 13

Bajo el entrenamiento del Espíritu Santo

A LOS SIETE AÑOS DE EDAD mi papá me llevó a competir en ciclismo. Él vio que yo tenía un don natural para la velocidad y desde niño me ejercitó en ella. Mi bicicleta fue mi compañera, la amiga de mi niñez, adolescencia y juventud. Él me disciplinó para ser un campeón y lo fui toda mi etapa infantil, juvenil y en primera fuerza, rompiendo dos veces el récord panamericano de «Velocidad Scratch» en los 200 m. e imponiendo el récord nacional que se establece sólo en campeonatos nacionales cada año. También impuse el récord mexicano que se puede establecer en cada competencia nacional durante todo un año de competencias. No perdí nunca un *hit* de velocidad en mi país con mis connacionales, y triunfé sobre los campeones de diversos países, como EE.UU., Canadá, Colombia y Cuba. Tuve el privilegio de ser invitado a los Grand Prix de EE.UU. donde sólo dos mexicanos estuvieron, y gracias a Dios fui uno de ellos. Pude vencer a los equipos olímpicos de EE.UU. y Canadá en sus propios países y un sinfín de gratas victorias. Me retiré invicto antes de los Juegos

Olímpicos de Rusia, porque ya mi corazón ardía por seguir predicando el Evangelio, al grado de no poder aguantar más el fuego que había en mí por el llamamiento del Señor.

Tuve un don natural para la velocidad. Fui un dotado de nacimiento, así que mis piernas llegaron a ser dos pistones poderosos con el régimen impuesto desde mi infancia. A pesar de eso, tuve también que entrar a un régimen, a un aprendizaje y a una disciplina bastante dura. Recuerdo que mi papá me levantaba a las 4:00 de la mañana para entrenar antes de ir a la escuela. Además de hacer mis tareas tenía que leer la Biblia diariamente si quería realizar otras cosas.

Cuando ingresé al Comité Olímpico mis músculos fueron ejercitados en el gimnasio y en las pesas. Eran 365 días al año de ejercicio bajo un régimen de campeones. Tenía una dieta especial diaria para subir de peso y para aumentar mi volumen muscular. Los masajes a mi cuerpo eran continuos, así como las inyecciones de vitaminas.

Cuando llegué a ser campeón nacional de primera fuerza fue más duro, porque el problema ahora era mantenerme como campeón. Desde niño me habían enseñado a no conocer la derrota y a no claudicar por difícil que fuera la situación. Aunque te dieran calambres en las piernas, jamás deberías bajarte de la bicicleta. Mantenerse en el nivel de vencedor cuesta; tienes que pagar un precio alto. No te puedes dar lujos en tu carne; tienes que someterte a una disciplina rígida, no debes ir a las fiestas, ni siquiera podía caminar descalzo, porque le hacía mal a mis piernas. Tenía que acostarme y despertarme temprano, comer a mis horas. En fin, no podía darme el lujo de descuidarme porque podía significar décimas o milésimas de segundo en la velocidad *scratch*.

Todo esto lo hice por medallas de oro y aplausos que se desvanecieron con el tiempo, pero me dejaron una gran enseñanza:

Primero. Yo era un comprometido con la línea vencedora. Este era el régimen al cual me sometía diariamente.

Así sucede en la vida cristiana: estamos comprometidos al régimen nuevo del Espíritu Santo, que nos hará vencedores. Si obedecemos estaremos siempre al nivel de vencedores. De hecho, el Espíritu Santo viene para hacernos más que vencedores siempre y no algunas veces. Él quiere llevarnos a que nos retiremos invictos.

Cuando te comprometes a Él, tu vida, tu carácter y tu forma de vida cambian, de tal forma que vives como el deportista, piensas y caminas con una mentalidad de vencedor. Aunque la cuesta sea difícil, no te puedes dar el lujo de claudicar, te aferras al manubrio de la Palabra con todas tus fuerzas para decidir no bajarte de la carrera.

Es cómodo ser parte de una iglesia bonita y de buena clase, donde todo parece tan bello, se canta bonito, hay un coro sensacional, hay retiros espirituales increíbles... Pero cuando las cosas se ponen difíciles, cuando los problemas empiezan a surgir, la gente claudica y se baja de su bicicleta, argumentando que el asiento era incómodo o que el asfalto de la carretera lo cansó.

Cuando entras en el entrenamiento del Espíritu Santo te va a llevar al punto donde te hará ver si realmente estás comprometido o eres un cristiano sólo de nombre.

Segundo. Tuve el gran honor y el privilegio de ser un atleta y representante de mi país, portando los colores de él sobre mi cuerpo.

Para poder representar con dignidad al Señor se requiere un entrenamiento constante, levantarse temprano y morir a los apetitos de la carne que pueden provocar no portar dignamente la bandera del Espíritu Santo, siendo un mal representante de Aquel que nos llamó.

El Espíritu Santo nos prepara para que podamos entender claramente el llamado y la importancia de representar a Jesucristo en esta tierra. Hoy hay toda clase de entrenadores: apóstoles, profetas, evangelistas, pastores y maestros, pero el preparador es el Espíritu Santo. Él nos encontró y nos llamó a la Escuela donde nos prepara sobrenaturalmente para vencer. Nos da una dieta que es la Palabra, para que la digiramos y la meditemos cada día. No nos podemos dar el lujo de perder esta dieta o de no ir al campo de entrenamiento, porque podemos perder segundos importantes en nuestro crecimiento espiritual, y no hay tiempo que perder.

Tercero. Tenía que ponerme aceite como preparación para el masaje. Mis piernas tenían que estar completamente sin vello, limpias.

Antes de tener el aceite de la unción del Espíritu Santo como tu preparador espiritual, se requiere de ti la limpieza, de otra forma, no te lo puede aplicar. Cuando las amarguras, el odio y los resentimientos sean quitados de nosotros, entonces Él podrá aplicar su aceite. No podemos creer que vamos a operar en una gran unción hasta que quitemos de nosotros las actitudes incorrectas de nuestra vida.

La Biblia nos habla de despojarnos del viejo hombre, que está viciado. Nos habla de que quitemos todos los impedimentos. Debemos aplicar la sangre de Cristo en nuestro ser y la Palabra limpiadora para recibir el aceite del Espíritu Santo.

Recuerdo que después de un entrenamiento duro me pedían que me metiera en el agua caliente por un rato, antes de pasar a la aplicación del aceite y al masaje para descansar los músculos. Asimismo tenemos que sumergirnos, primeramente, en el agua caliente para estar reposados, para la aplicación celestial de la unción, y para tener total descanso en Él, donde las cargas, lo adolorido del día, sea quitado totalmente por la unción que rompe yugos y quita las cargas.

Cuando nos sometemos diariamente al entrenamiento del Espíritu Santo y cada día nos sumergimos en Él, y descansamos en la unción, esta se irá impregnando en nuestros cuerpos como sucedió con los huesos de Eliseo, que al ser tocados por un cuerpo inerte, este revivió. ¿Por qué? Porque la unción diaria se impregna en todo tu ser.

La gente pregunta continuamente: «¿Cómo puedo tener la unción y permanecer en ella?»

Empieza cuando estás dispuesto a que nada interfiera con el deslizamiento del aceite sobre tu cuerpo, para que así sus manos puedan trabajar suavemente sobre tu vida.

Era lo que Ezequiel y otros profetas dijeron: «La mano del Señor vino sobre mí», o «estaba sobre mí» (Ezequiel 3.14).

Esta unción viene cuando estás dispuesto a alejarte de lo sucio y permanecer limpio cada día. Prosigue cuando estás abierto al trabajo del Espíritu Santo en tu vida, a permitirle moldearte para que jamás claudiques, a fin de que puedas decir, como san Pablo, «he acabado la carrera con gozo».

En 2 Corintios 1.21 nos dice:

> *«Y el que nos confirma con vosotros en Cristo, y el que nos ungió, es Dios.»*

Fíjate bien que antes de hablarnos de la unción, Pablo nos refiere que debemos ser confirmados y establecidos para, después, ungirnos. He visto a gente que quiere correr con la unción sin antes ser establecida o confirmada lo suficiente en la Escuela del Espíritu Santo. Hay gente que ha entrado a esta escuela y piensa que por experimentar un rato de poder en su vida ya la hizo, saliéndose del régimen que Dios quería establecer en ella, para llevarla a la madurez que se requiere para cuando tenga fama.

Dios no trata de obstaculizarte: lo que Él está haciendo es entrenarte. Prepárate para una unción mayor. Hoy día nos movemos en un poco de unción, y creo que es una preparación para una mayor, como la que tuvo Jesucristo. Muchas veces queremos precipitarnos a una unción mayor y a un ministerio más grande, y no hemos completado la preparación.

La intención del Espíritu Santo es que tengamos la unción más grande de Dios, y para ello comienza con su entrenamiento, su régimen, su dieta y disciplina. A veces te pedirá que te levantes a las 4:00 de la mañana, o te pondrá bajo el sol por horas. Tal vez tú no lo entiendas, pero es el sistema que Él escoge para preparar a sus atletas.

Hoy el Espíritu Santo está formando atletas para Dios, gente que quiera ser del Club de los Campeones, de los Vencedores que puedan terminar la carrera o pelear la buena batalla, no golpeando al aire solamente, sino que sepan hacia dónde corren.

Todo esto lo hace el Espíritu Santo para establecerte y confirmarte, para que, ejercitado, jamás claudiques, y para llevarte a una unción en la que jamás imaginaste caminar.

Capítulo 14

La siembra y la cosecha del Espíritu Santo

En esta Escuela del Espíritu Santo a veces Él saldrá al recreo contigo, o te llevará al gimnasio para ejercitarte. Cualquiera de las dos formas es para madurar, pero algo que nos ayuda a crecer en el carácter es cuando nos lleva al campo, para aprender la ley de la siembra y la cosecha. En Gálatas 6.8, Pablo nos enseña, diciendo:

> *«Porque el que siembra para su carne, de la carne segará corrupción; mas el que siembra para el Espíritu, del Espíritu segará vida eterna.»*

El Espíritu Santo nos lleva al tiempo de la acción, al campo; este puede ser el mundo o la misma iglesia, para que aprendamos a sembrar. ¡Lo que sembramos, eso cosechamos!

Si siembras para ti mismo, cosecharás eso, y serás un pagado de ti. Tu «yo» se fortalecerá, impidiendo lo espiritual dentro de tu ser. Si siembras para tu carne en lo que escuchas o lo que ves, cosecharás eso mismo. Tenemos que cuidar lo que vemos, oímos y palpamos.

Cada vez la gente se hace más carnal por lo que deja entrar a su vida. Cada vez más jóvenes caen en fornicación y más parejas se divorcian por adulterio o por otras manifestaciones de la carne, y esto ha tocado también a la gente cristiana, porque nunca dejaron de sembrar semillas de carnalidad.

Pablo habla que en contra de los deseos de la carne se encuentran los del Espíritu (Gálatas 5.17). Del verso 19 al 21 de ese capítulo se nos habla de las obras que se manifiestan en los que han sembrado en ellos. Fíjate bien cuán terrible es la siembra de la carne:

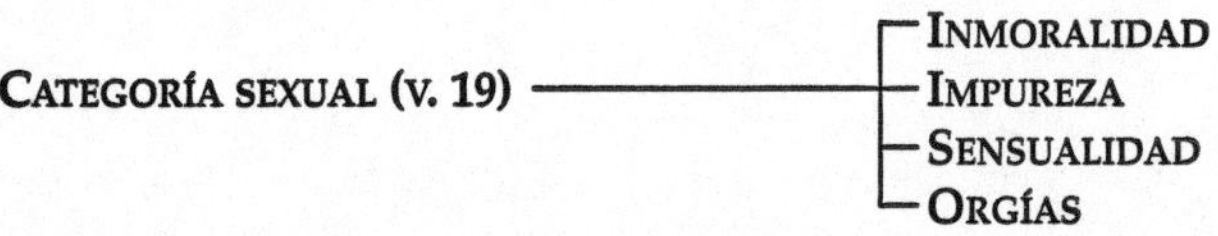

Estos pecados cubren todas las ofensas sexuales, sean públicas o privadas, de casados o solteros, homosexuales o bisexuales.

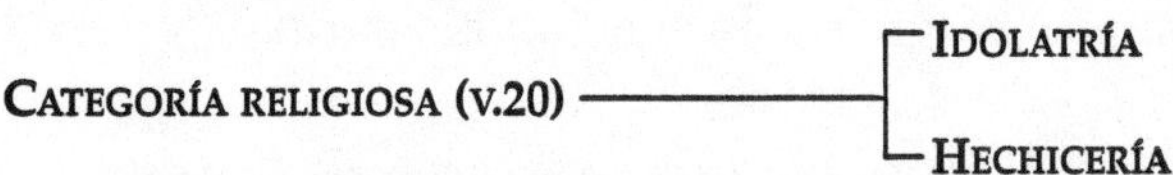

La idolatría es la adoración de cualquier cosa que no sea Dios. Por ejemplo: el dinero, el yo, las cosas materiales, etc.

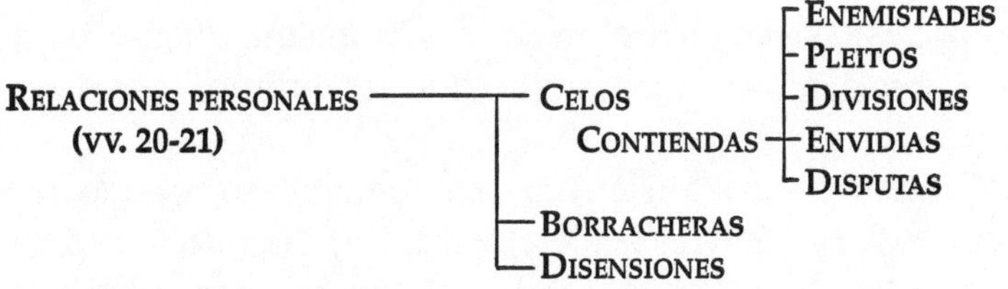

Estos son ejemplos de cómo los cristianos pueden caer

cuando sirven a la carne en vez de al Espíritu.

La advertencia y amonestación está en el verso 21, que dice:

> *«...acerca de las cuales os amonesto, como ya os lo he dicho antes, que los que practican tales cosas no heredarán el reino de Dios.»*

El tiempo en el que Pablo habla es presente, indicando una actitud habitual en pecados carnales.

La siembra de la carne trae siempre corrupción. Los pleitos, celos, iras, contiendas, disensiones, así como la lascivia parecen ser la siembra de los «cristianos de domingo». ¿No está usted cansado ya de tanta carnalidad, de tanta concupiscencia y lascivia?

Estos cristianos, después de salir del día de reunión, van a «comerse al pastor» en sus casas o se reúnen para criticar a los hermanos por tal o cual situación. Siembran para su carne y esta se deleita y disfruta aun de los chistes más bajos en la mesa con los hijos. La consecuencia de ello es que segarán corrupción.

Una de las cosas que me ha maravillado de la manifestación del Espíritu Santo es la que nos ha tocado vivir después de su visitación, un domingo por la mañana, cuando su gloria descendió, o después de los Congresos del Espíritu Santo que llevamos a cabo. La gente en los días subsecuentes platica y dialoga sólo de lo que Dios hizo, y cada uno de ellos le testifica al otro lo que Dios realizó en ellos. Tal parece que la carne se esfuma o se sujeta a la obra del Espíritu en la vida de nuestra gente.

He visto casos de odio y resentimientos grandes aun entre líderes y cómo algunos de ellos van, lloran y gimen pidiendo que Dios bendiga más la vida de su compañero que la de ellos mismos. Esto solamente lo puede hacer el Espíritu Santo.

La siembra de la carne traerá como consecuencia la

corrupción, la inmoralidad, la rebeldía y la división.

Hay gente que no puede mantener la unción y la comunión con el Espíritu Santo, por sembrar un poco en la carne, y después otro poco, hasta terminar otra vez bien sembrados en su carnalidad.

¿Qué tengo que hacer para no sembrar en la carne? Bueno, Pablo dijo en 1 Corintios 15.31:

> *«Os aseguro, hermanos, por la gloria que de vosotros tengo en nuestro Señor Jesucristo, que* cada día muero.»
>
> —Énfasis añadido.

Y en el verso 36 dice:

> *«Necio, lo que tú siembras no se vivifica, si no muere antes.»*

Pablo nos da la clave para terminar con la carnalidad: esto es, morir cada día; no de vez en cuando, sino hoy, mañana, pasado y siempre. En el verso 36 dice que lo que tú siembras no se vivifica si no muere antes. Esto quiere decir que lo que tú siembras se tiene que morir, pero fíjate bien, se muere y, entonces, vive.

La siembra del Espíritu es fascinante. Pablo menciona que si su siembra es para el Espíritu, entonces puedes segar del Espíritu y dar vida eterna. Esto es, que todo lo que siembres para Él, Él mismo lo vivificará; es decir, lo hará vivir.

Durante mucho tiempo la Iglesia ha sembrado en división y crítica unos con otros, pero el Espíritu Santo nos está abriendo los ojos para darnos cuenta que ahora es tiempo de sembrar para Él y no para nuestras propias «tienditas» espirituales.

Cuando siembras para Él todo se vuelve fascinante. Déjame explicártelo de otra manera: es como que todo lo que haces o tocas cobra vida. Por ejemplo, Jesucristo tocó al ciego y le fue recuperada la vista; hablaba y producía; reprendía a los vientos y se hacia gran bonanza; Él era la vida. Pero, ¿por qué sucedió esto? No sólo porque el Espíritu Santo descendió sobre Él y lo llenó, dándole una unción poderosa; no sólo por el hecho de ser Hijo de Dios, sino que Jesús valoró lo que vino a Él y lo cuidó. Lo vemos orando toda una noche, y viviendo continuamente no para Él sino para el Espíritu, haciendo la voluntad del Padre que lo conducía a la cruz.

Aun desde su infancia lo vemos ocupado en los negocios del Padre Celestial. Él estaba segando del Espíritu vida eterna, ya sea que le tocaran sus vestidos, como la mujer con flujo de sangre, o le pidieran que tan solo dijera la palabra para que sanara al siervo del Centurión.

Qué increíble vida, qué tremenda unción. Y esta se halla disponible para nosotros también.

Cada día que sembramos correctamente para el Espíritu, nuestra unción crece y todo parece cobrar vida, ya sea que vayas en un taxi y el chofer llore sin saber por qué; o vayas en un avión y te digan: «Usted tiene algo diferente: ¿qué es?»; o quieran imitar tu forma de ser y de comportarte, diciéndote: «Yo quisiera tener un matrimonio como el tuyo.»

Cuando siembras para el Espíritu y no para ti ni para tu carne, la vida del mismo Hijo de Dios empezará a fluir en ti por su Espíritu. Podrás pararte en una congregación y el Espíritu dará vida al lugar, tus palabras y gestos serán diferentes.

Un día fui a la ciudad de Guadalajara y mi hermano fue a verme a la congregación donde yo ministraba. Después fuimos a cenar y se me olvidó mi saco en su carro. Al día siguiente, se dio cuenta de que mi saco estaba en su auto, así que en su oficina se lo probó para medírselo. Al momento de ponérselo, sintió que se caía y empezó a reír con el gozo del Espíritu Santo. Por la noche, cuando se durmió, soñaba que se reía con el gozo de Dios. Lo extraordinario de esto es que él no había visto a la gente reír de esta forma. ¡Todo cobra vida cuando siembras en el Espíritu, *se vivifica* y empiezas a segar vida del Espíritu! Lo eterno desciende, toca y cambia las circunstancias.

Mi país está pasando ahora por una etapa difícil en todo sentido: económica, política y social, así que comprar o vender no es fácil, porque el dinero se esfumó. Por lo bajo que habían caído los precios de las propiedades, mi esposa y yo vimos la oportunidad de cambiar de casa, así que pusimos en venta la casa y un terreno que teníamos. Nos habían dicho que era difícil venderlos por la situación del país. Un martes vendí el terreno y el viernes siguiente la casa. Todo al contado. La gente nos ha dicho: ¿cómo lo hicieron?

La respuesta es sencilla: por mucho tiempo hemos sembrado para el Espíritu, no para nosotros. Hemos ayudado económicamente al levantamiento de otras iglesias, una camioneta de mi esposa la donamos al ministerio de otros hermanos. Me acuerdo bien del día cuando llegué con mi esposa y le dije: «Él Señor habló a mi corazón y me dijo que regaláramos tu camioneta.» Ella me dijo: «¿De casualidad no te dijo que regalaras tu auto?» «No», le respondí, «Me dijo que la camioneta». Me maravilla la siguiente respuesta de mi esposa: «Está bien; si estás seguro que es de Dios, mejor que le obedezcamos.»

Cuando sembramos para el Espíritu, lo primero que se opone es la carne (Gálatas 6.17). El Espíritu está hablando, impulsando, redarguyendo, convenciendo a uno para obedecerle, pero la carne lucha contra esto, y si el «yo» tiene el control, los pensamientos van dando bandazos de un lado a otro, como una pelota en la mesa de ping-pong.

Un ejemplo de esto es cuando prometes a Dios dar más allá del diezmo,y haces una promesa de dinero o de un bien para un determinado tiempo y situación. Tal vez en la reunión tuviste fe y dijiste: «Sí, Señor; voy a sembrar para tu reino.» Esto pasa también cuando prometes que vas a apoyar con determinada cantidad a las misiones. Lo que sucede cuando sales del lugar donde se había desatado una fe en ti es que la carne se opone; tus pensamientos empiezan a chocar con el paso de fe y con el compromiso hecho. Al transcurrir las semanas siguientes, cobran más fuerza y la lucha se hace más encarnizada. La carne junto con el jefe «yo» te dicen: «Cómo "yo" me voy a despojar de tal o cuál cosa, "yo" me voy a quedar sin lo que disfruta mi carne, ya no me voy a deleitar con el viaje de placer que había planeado y todo porque "yo" prometí.»

¿Cómo puedes saber si es Dios quien te habló? Porque Él te inquieta y te dirá: «Si lo haces, voy a cumplir mi palabra en ti, porque yo no cambio ni me mudo.» El Espíritu te habla y cruza por tu mente: «Voy a respaldar tu siembra, pero tienes que morir a lo que tu carne desea.»

Me he dado cuenta que el Espíritu de Dios tiene disponible su Gran Granero para derramar sus semillas y su fruto en nuestra vida. ¡Con Él jamás perderemos!

En este año he regalado más de cincuenta corbatas, y anteriormente relojes. Si he sembrado corbatas, lo correcto es que coseche corbatas, si he sembrado relojes, lo más correcto es que coseche relojes, porque cada especie dará según su género. Hace poco me regalaron relojes costosísimos, que jamás pensé que pudiera tener. Además, había perdido hace años la esperanza de tener alguno de ese tipo. Cuando morí a este deseo, el Espíritu vivificó lo sembrado y me los dio cuando ya no me harían daño. Él sabe cuándo darnos lo que hemos sembrado.

Si tú has sembrado algo en el reino y aún no has recibido de parte de Dios lo que esperabas, no te desanimes; vendrá en el tiempo en que no te haga daño, para que tu carne no cobre fuerza; pero también, si siembras, siembra en fe, creyendo que recibirás bendición. No te hagas el humilde y religioso diciendo que das y no esperas recibir de ello algo. Dalo con fe, creyendo, como el que labra su tierra y siembra, espera que produzca los frutos a su tiempo.

Si sembramos cada día para Dios, segaremos de Él vida; si lo primero es Dios y nuestros primeros pensamientos son para Él y continuamos en el Espíritu y terminamos con Él, tarde o temprano vamos a segar de Él. Cosecharemos lo eterno, la vida continua de Él en nosotros; seremos espirituales y no carnales, podremos despojarnos fácilmente de las cosas de este mundo; las atracciones de la carne y las distracciones mundanas no nos sacarán de la vida de Dios.

Hay muchos cristianos que sufren tanto por lo que sucede en el mundo que terminan afligidos en su carne. Su plática es de los acontecimientos del mundo y se sientan a la mesa a discutir y a dar sus mejores puntos de vista de cómo arreglar el Planeta. Discuten cuál es el mejor sistema económico y no se dan cuenta que la salvación no está en los programas económicos, porque estos han fallado por todas partes. El problema es el corazón mismo del hombre. Siembra para su carne y segará corrupción, y si te fijas, en todo el mundo está la corrupción.

Cuando siembras para el Espíritu podrás dormir tranquilo, porque estarás segando descanso, paz y seguridad; el afán se alejará de ti, el estrés y la preocupación no estarán dominándote, porque de Él segarás confianza. Del Espíritu vas a cosechar frutos de fe, tu confianza será fuerte en él. Su fruto será gozo y podrás reírte de las circunstancias, porque su gozo te fortalecerá. Podrás perdonar porque estarás segando su amor, de hecho los frutos del Espíritu son respuesta de Dios a una vida diferente a la de la carne y de los sentidos; van más allá de tu comprensión. No entiendes, pero está la paz que sobrepasa todo entendimiento.

En una ciudad como en la que vivo, de más de 20.000.000 de habitantes, se necesita la paciencia diariamente; de otra forma, terminamos cansados, enojados, peleándonos con todo mundo, con un tráfico desquiciante. Ante tanta ola de atracos y de maleantes necesitamos la fe en Dios como nuestro escudo. Qué increíble, cuando uno rechaza la ola del Espíritu Santo, entonces surgen olas de carnalidad, corrupción y atracos. Esto es responsabilidad primeramente de la Iglesia: si ella rechaza vivir para el Espíritu, entonces la carne tomará lugar y se entregará a toda clase de pasiones vergonzosas, cayendo en inmoralidad y corrupción.

Este mundo está sembrando en carnalidad y segando en corrupción, no porque Dios no quiera alcanzarlo sino porque la iglesia ha fallado en vivir sembrando para el Espíritu, para poder segar vida eterna. Dios no es el que ha fallado: la Iglesia es la que ha fallado, y lo creo así porque en cada movimiento del Espíritu Santo la Iglesia es la primera en rechazarlo.

> *«Pero esto digo, hermanos: que la carne y la sangre no pueden heredar el reino de Dios, ni la corrupción hereda la incorrupción.»*
>
> —1 Corintios 15.50

Capítulo 15

El triunfo sobre el pecado

En Gálatas 5.17-22 Pablo nos da la clave para vencer sobre lo humano, sobre nuestra carne, sobre el pecado. En el verso 17 nos habla del deseo de la carne, mientras que en los versos del 19 al 21 nos dice de las manifestaciones de la carne, cuando damos lugar a sus deseos.

Las obras de la carne son, como ya vimos: adulterio, fornicación, inmundicia, lascivia, idolatría, hechicerías, enemistades, pleitos, celos, iras, contiendas, disensiones, herejías, envidias, homicidios, borracheras, orgías y cosas semejantes a estas.

Esto me habla de tres barreras humanas que imposibilitan nuestra consagración y nuestra victoria:

- La falta de fuerza para vencer la tentación.
- La falta de poder para el servicio.
- La inhabilidad para estar sobre las circunstancias con gozo.

Esta falta de fuerza y poder, así como la inhabilidad, provienen de nuestra carnalidad, en la que hemos sembrado tanto tiempo. Eso nos impide vencer sobre el pecado.

En contraposición de todo lo sembrado en nuestra

carne, hay tres áreas importantes para vencer.

- El deseo del Espíritu (v. 17).
- La guía del Espíritu (v. 18).
- Los frutos del Espíritu (v.22).

El Espíritu Santo es el que está realmente en oposición, según el v. 17, contra la carne. Pero ¿qué de nosotros? Al creyente le toca consagrarse, mientras que al Espíritu le corresponde llenar, dar fuerza, poder y habilidad.

Cuando una persona ha nacido de nuevo pierde el apetito por la vida pecaminosa y por la vida del mundo; ya no sigue tras sus pasos. Su naturaleza es pura por la sangre de Jesucristo, llegando el pecado a ser una cosa odiosa para él. Si cae en pecado se siente desdichado y hasta que no se aparta del mismo y recibe perdón no tendrá la sensación de victoria en su vida, sino de una vida derrotada, vencida por la tentación, lo cual le causa frustración.

Tristemente, hay muchos cristianos en cautiverio que:

- No saben que se puede triunfar sobre el pecado.
- No saben cómo obtener la victoria.
- No quieren llenar las condiciones, y esto los arrastra a una vida de derrota en derrota.

Lo hermoso de sembrar en el Espíritu es que cosechamos de Él su fuerza, su habilidad y su poder para ser victoriosos sobre el pecado. Debemos creer que el Espíritu Santo está en nosotros para darnos victoria sobre el pecado. Esto es de suma importancia, porque no es en nuestra fuerza o habilidad sino con su Espíritu (Zacarías 4.6).

Si algo debemos cosechar del Espíritu en nuestros días, además de su vida y frutos, es el fruto de la templanza o dominio propio. Es más, pienso que es lo que debemos desarrollar fuertemente en cada uno de nosotros. ¿Por qué la templanza? Porque enfrentamos un mundo que cada día, a la vuelta de la esquina, trata de jalarte a lo carnal y mundano.

En 2 Timoteo 1.7 Pablo le da un consejo sabio al joven Timoteo:

> *«Porque no nos ha dado Dios espíritu de cobardía, sino de poder, de amor y de dominio propio.»*

Hoy veo a mucha gente con cobardía y grandes temores, y los cristianos no son la excepción, como le sucedió a Timoteo. Tenía que desarrollarse en él el dominio propio, porque los tiempos en que vivía eran sumamente peligrosos, dada la persecución que había por parte del Imperio Romano. Muchos se apartaban de su fe o caían en cosas que avergonzaban. Él estaba enfrentando un gran problema, porque su gente estaba desertando, pero tenían el grave problema del temor. Tal vez enfrentaban miedo a la muerte o al rechazo, o a hacer nuevos amigos o asociados, porque muchos de ellos lo habían dejado.

Hay cristianos que también enfrentan grandes temores, como el de hacer decisiones, o miedo a enfrentar algo. Hay otros que tienen miedo al divorcio, a la traición, a la enfermedad, a los robos, al fracaso financiero o al SIDA.

Me acuerdo del día cuando un demonio se manifestó a través de una jovencita. Al ver esta manifestación demoníaca, un joven que asistía regularmente pero que no se comprometía a nada, se acercó a mí con cara de espanto y, arrodillándose, me confesó su temor al SIDA, porque había estado en fornicación. Le pidió perdón a Dios y confesó su pecado. Tiempo después lo encontré y me dijo que sus análisis habían salido limpios; lo triste fue que no volvió a la congregación después de esto.

Hay gente que obtiene algo de Dios, pero vuelve a caer y pierde la victoria ganada. Este joven confesó su pecado por temor, al ver la manifestación diabólica, pero creo que no fue una convicción clara y firme de arrepentimiento y odio al mal.

«Dominio propio», en griego es *sophronismos,* que significa «mente salvada», o «mente liberada». ¿No es cierto que hay mucha lucha en tu mente y a veces te sientes como en cautiverio? Déjame darte una cita bíblica que te va a ayudar bastante. En 2 Timoteo 4.17,18 Pablo llega a decir:

> *«Pero el Señor estuvo a mi lado, y me dio fuerzas ... Así fui librado de la boca del león. Y el Señor me librará de toda obra mala...»*

La palabra «fuerza» en griego es *endumeo,* que quiere decir «dar poder o fuerza interna». Ahora, este poder o fuerza interna sobrenatural la da el Espíritu Santo. La idea es: «Sostente en la energía o corriente constante del poder de Dios que viene a ti.»

Todos tenemos tentaciones y oportunidades para vencer. Estas pueden ser de vez en cuando o a diario. Es por esto que debemos aprender a humillarnos ante Dios y abrir nuestro corazón para permitirle diariamente que nos dé de su fuerza.

Una de las cosas que me encanta de esta visitación del Espíritu Santo en estos días no es solo el hecho de las manifestaciones externas, sino de la fuerza «endumeo», la que viene al hombre interior para capacitarlo a vencer en cada área de la vida, y así sujetar la carne por el poder del Espíritu Santo.

Si nos sometemos continuamente a su corriente de poder cada día, saldremos victoriosos. Él nos librará con su fuerza porque es el Espíritu Santo el que se opone a nuestra carne, y de su fuerza tomaremos para vencer toda carnalidad. Además, Él mismo nos librará de la boca del león y de toda obra mala.

Todo cristiano es libre del poder del pecado así como del de Satanás, gracias a la intervención divina del Espíritu de Dios. Esto es para que disfrutemos de su libertad en nosotros. Cuando resistimos la tentación en la fuerza de Dios, entonces la responsabilidad de la victoria queda sobre Dios y no sobre nosotros. Él no puede defraudarnos.

Ahora bien, no basta con esperar que Dios nos ayude. Un ayudante es un sirviente: no podemos hacer de Dios nuestro sirviente. Tiene que hacerlo todo por medio de nuestras facultades, entregadas a Él. ¿Qué nos corresponde a nosotros?

- No ceder a las demandas del pecado.
- Apropiarnos del poder de Dios, «endumeo», para nuestra liberación, y así poder tener «sophronismos», mente liberada o mente salvada.
- Apropiarnos, por fe, de la libertad en Cristo, y rendirnos cada día al Espíritu Santo para mantener esa libertad.
- Creer en la fuerza del Espíritu Santo y resistiremos toda tentación. Es en su fuerza que prevaleceremos, y así podremos decir: «Todo lo puedo en Cristo que me fortalece» (Filipenses 4.13).
- Sentirnos libres del poder del pecado por medio del poder del Espíritu Santo. A ti te toca apropiarte de esa libertad y así su victoria es tu victoria, porque andas en el Espíritu y deseas lo suyo.
- Sembrar del Espíritu Santo, por lo que también segaremos los preciosos frutos del Espíritu, los que tanta falta nos hacen para mantener nuestra victoria.

Quiero darte una división sencilla de los frutos del Espíritu Santo que se describen en Gálatas 5.22,23.

- Nuestra relación con Dios
- Amor
- Gozo
- Paz

El Señor Jesús es nuestro primer amor, nuestro primer gozo y por Él estamos en paz.

- Nuestras relaciones con otros
- Paciencia
- Benignidad
- Bondad

Buscamos lo mejor de ellos y quitamos lo peor.

- Nuestra autoguardia
- Fe
- Mansedumbre
- Templanza

A través de ellos somos capaces de dominar nuestras pasiones y mantener una conducta piadosa y una vida de victoria.

Capítulo 16

La restauración de la presencia de Dios

UNA DE LAS COSAS MARAVILLOSAS que nos han sucedido, tanto en lo personal como congregacional, es cuando la presencia de Dios se manifiesta. El descubrir su presencia y empaparse con la lluvia de su gloria, el permanecer hora tras hora disfrutando del Señor es algo muy difícil de explicar. Esto va más allá de cualquier manifestación: es permanecer en Él.

Jesús dijo en Juan 15.5:

> *«Yo soy la vid, vosotros los pámpanos; el que permanece en mí, y yo en él, éste lleva mucho fruto; porque separados de mí nada podéis hacer.»*

La permanencia en Él, diariamente, es algo «sensacional». Con esta palabra puedo expresarte mucho de mi sentir. Cuando uno tiene hambre y sed de permanecer en Él, su presencia se hace palpable y manifiesta; además, cuando pruebas algo de ella te vuelves adicto. Cada día quieres vivir en su presencia; llegas a un punto donde lo que importa no son tanto sus manifestaciones sino disfrutar de Él.

En ocasiones, su presencia ha sido tan palpable que hemos quedado absortos «permaneciendo» en Él, como estáticos, como si el tiempo se detuviera de pronto y nada importara, sólo Jesús. La paz es tan plena, su reposo es tan glorioso que pueden pasar semanas, y es como si todavía estuvieras extasiado en Él, en su presencia.

Durante los años ochentas escuché a la gente hablar sobre la restauración de todas las cosas. Yo pensaba: *«Realmente, ¿de qué nos tenemos que restaurar?»* Estoy diciéndolo como dirigente de una congregación. Se hablaba de restaurar cada área que se había perdido, usando el texto de Hechos 3.21, donde nos dice que era necesario que a Jesucristo lo recibiera el Cielo, hasta los tiempos de la restauración de todas las cosas, de que habló Dios por boca de sus santos profetas que han sido desde tiempo antiguo.

Empezaron a hablar sobre la restauración de los cinco ministerios de los que nos habla Efesios 4.11, donde el Señor mismo constituyó apóstoles, profetas, evangelistas, pastores y maestros (la mano del Señor). «Estos ministerios tenían que volver a la Iglesia», se decía.

Los ministerios proféticos empezaron a surgir al final de los ochentas, y por diferentes partes se empezaron a levantar apóstoles. Algunos no lo eran, pero querían el título. Si tú me preguntas: «Fernando ¿te interesa algún título?» Te respondería que lo que me interesa es permanecer en Él. Tengo hambre de su persona, de su presencia. Me empecé a dar cuenta que a muchos les interesaban los títulos. La verdad, éstos de nada valen si no llevan la presencia de Dios como sello. La gente pelea los títulos y la posición por poder. A mí lo que me interesa es su presencia. Las iglesias se destruyen por posiciones, se dividen por títulos. Cuando esto sucede es porque se ocuparon más en sus reconocimientos que en la presencia de Dios.

Asistí a una reunión muy importante, donde la gente

estaba hambrienta por ver a Dios moverse en sus reuniones. Por tres horas los dirigentes se preocuparon por echarse loas y llenarse de «flores», diciéndole a la gente sedienta del Señor «cuán grandes» eran ellos. Cuando quisieron la presencia de Dios, el Espíritu ya andaba muy lejos, volando y revoloteando por otro lugar, donde le dieran preeminencia.

Cuando veo esto se me revuelve el estómago, y por algún tiempo permanezco enojado. No creo que sólo yo sienta esto: Dios también, porque Él vomita a los tibios, se molesta cuando le roban la gloria. Me dan ganas de gritar: «¡¿Hasta cuándo, Señor, permitirás que estas gentes le estén robando tu presencia al pueblo?!»

En fin, la gente empezó a hablar de restaurar cada cosa. Después de los ministerios, hablaron de restaurar las reuniones con alabanza, adoración y danza. La gente me decía: «¿Tú también estás en la restauración?» Les soy sincero, no sabía de qué me hablaban.

Después eran las ofrendas y los diezmos que se tenían que restaurar, y yo seguía sin entender. ¿Por qué? Porque éramos un grupo que alabábamos, danzábamos, aplaudíamos, adorábamos y éramos guerreros. Un día «me cayó el veinte», como decimos en México: supe por qué se hablaba de restaurar estas áreas. Fue cuando empece a asistir a grupos e iglesias. Parecía que me habían metido al túnel del tiempo y me regresaban unos treinta o cuarenta años atrás.

Empezaron a hablar también de restaurar el matrimonio y la familia. La verdad es que cuando vi a matrimonios de líderes deshechos y a sus hijos alejados de Dios, clamé a Él para que restaurara esas familias.

En mi congregación vivimos en una burbuja durante los últimos diez años, porque desde que empezamos nos dirigimos en especial a la familia y al matrimonio, le dimos atención hasta el día de hoy. La crisis que vi afuera de la burbuja me asustó, y en verdad comprendí lo que otros hablaban acerca de restaurar muchas cosas.

Lo cierto es que la restauración la necesitábamos todos y la seguimos necesitando. Esta viene a través de lo que dijo Pedro en Hechos 3.19:

> «*Arrepentíos y convertíos, para que sean borrados vuestros pecados;* para que vengan de la presencia del Señor tiempos de refrigerio.»
>
> —ÉNFASIS AÑADIDO.

Estos tiempos de refrigerio son ahora, no mañana. Están viniendo de la presencia de Dios. Cuando estás más seco lo disfrutas más y le das más valor a su refrigerio.

Otra área de la que se habló fue la restauración del Tabernáculo de David. A diferencia del Tabernáculo de Moisés, este tenía libertad, danza, alegría y había movimiento. El de Moisés era rígido, con leyes y formas. Se hablaba que teníamos que volver al de David. Aquí es donde quiero hacer notar algo muy importante que hemos dejado a un lado. En el Tabernáculo de David, a pesar de todo lo que tenía y hacía, la gloria de Dios jamás descendió. Sin embargo, en el de Moisés la gloria de Dios se manifestaba. Esto siempre estuvo en el corazón de Moisés:

> «*Si tu presencia no ha de ir conmigo, no nos saques de aquí … Te ruego que me muestres tu gloria.*»
>
> —ÉXODO 33.15,18

Moisés sabía lo que era la presencia del Señor; conocía parte de su gloria. Este fue el anhelo más grande de Moisés, aún mayor que la libertad del pueblo hebreo. ¿Esto significa que Dios puede manifestarse aun cuando tengo reglas establecidas? Sí, yo creo que sí, y lo he visto porque así estaba yo, metido en alguna forma o estructura, y a pesar de eso Dios se manifestó. Tal vez tengas danza, aplausos y alabanza, pero Dios no se manifiesta.

Fueron más las manifestaciones de la gloria con Moisés, a la vista de todo el pueblo, que con David. ¿Esto quiere decir que David estuvo mal? No, no estoy diciendo eso, sino que en estos días hemos llegado al punto de la alabanza y adoración, tal vez como las que tenía David, pero nada sucede aun cuando decimos que Él habita en la alabanza de su pueblo, aun cuando tenemos gente bailando o panderetistas, nada está sucediendo. ¿Por qué? Porque pensábamos que esta era la máxima expresión de su presencia, y en realidad sólo es el inicio.

Hay todavía un ministerio que se debe restaurar (si de alguna manera así puedo explicarlo). No es la restauración de los cinco ministerios o de la alabanza, adoración, danza u otras cosas que sé que son importantes. Hay un ministerio que es aún más grande: el ministerio del Espíritu Santo. En 2 Corintios 3.8 Pablo dice:

> *«¿Cómo no será más bien con gloria el ministerio del Espíritu?»*

Cuando vas restaurando áreas que hacen falta en tu vida, en el ministerio o en la iglesia, necesitas dejar que el ministerio del Espíritu Santo entre en acción para que corrija todas las áreas. Podrás restaurar todas las áreas o todas las cosas, podrás copiar sistemas o métodos de crecimiento, de evangelismo, de la familia, pero no sirve de nada si no dejas que el ministerio del Espíritu Santo tome lugar.

Esta ha sido la gran frustración de muchos músicos adoradores y dirigentes de alabanza, que tienen gran técnica, gran calidad, que copian la forma y las expresiones de otros músicos que Dios ha levantado, pero nada sucede: sus ministerios no son de bendición como ellos pensaban que serían. ¿Qué sucedió, si todo se copió exactamente? Lo que sucedió es que nunca permitieron al Espíritu Santo tomar el lugar. Era su ministerio, en lugar del ministerio del Espíritu Santo.

Pienso que muchos músicos jamás han gustado de la gloria y la presencia de Dios, aunque sus cantos parecen sublimes. Hay sequedad en muchos, porque cuando se camina en la forma que se cree que está bien, no preguntando a Dios ni anhelando su presencia, tarde o temprano se tropieza, como se tropezó David en 1 Crónicas 13, en la «era de Quidón».

Si lees 1 Crónicas 12.39 y 13.1-14 te darás cuenta que David tenía un gran deseo de restaurar la presencia de Dios en su tiempo, pero falló al inicio de su deseo, porque lo hizo «en su forma», y no en la de Dios. Tuvo una gran idea. Después de estar bebiendo y comiendo le dijo a su gente: «¿Por qué no traemos la presencia de Dios?»

Dios le había dicho a Moisés, cuando le dio la orden de construir el Arca, que ese era el lugar donde Él se iba a comunicar con ellos. Los iba a visitar, a dar instrucciones y revelarles su mente y sus propósitos. Lo que David estaba diciendo, realmente, era: «Vamos a tener una vez más la presencia de Dios entre nosotros, y a entender su propósito.»

En 1 Crónicas 13.3 vemos el deseo de David:

> *«Traigamos el arca de nuestro Dios a nosotros, porque desde el tiempo de Saúl no hemos hecho caso de ella.»*

Saúl fue rey por cuarenta años, y durante los veinte anteriores el Arca había estado en la casa de Abinadab, cuando Samuel fue juez. Fueron 60 años que ellos se olvidaron de la presencia de Dios. La generación de Saúl no se acordó de la presencia de Dios y la mitad de la otra generación no buscó a Dios. No tuvieron la preocupación de buscar su presencia.

Muchos buscan fama y gloria, pero no se acuerdan jamás de buscar a Dios. También puedo observar a una generación madura que no experimenta ni conoce realmente la presencia de Dios, mas Dios está levantando a una generación que, como Moisés y David, anhelan permanecer en la presencia de Dios; es gente que, en verdad, está apasionada por Jesucristo.

Durante la persecución que Saúl hizo a David, este no dejó de buscar el rostro y la presencia del Señor, según nos expresa el Salmo 16.11:

> *«Me mostrarás la senda de la vida; en tu presencia hay plenitud de gozo; delicias a tu diestra para siempre.»*

Y en el Salmo 17.8,9 dice:

> *«Guárdame como a la niña de tus ojos; escóndeme bajo la sombra de tus alas, de la vista de los malos que me oprimen, de mis enemigos que buscan mi vida.»*

En el Salmo 132.4,5 nos deja ver su gran deseo:

> *«No daré sueño a mis ojos, ni a mis párpados adormecimiento, hasta que halle lugar para Jehová.»*

En el Salmo 119.58 nos dice:

> *«Tu presencia supliqué de todo corazón.»*

También el Salmo 69.9 nos deja ver el deseo que habitaba en su corazón todo el tiempo que él vivió:

> *«Porque me consumió el celo de tu casa.»*

Este fue el gran deseo de David: la Casa de Dios, su presencia, su gloria; pero no fue sino hasta que el templo fue construido por Salomón que la gloria descendió de una manera impresionante, porque hubo alguien a quien lo consumía el celo de la casa de Dios. Ese fue su motivo, su vida: la presencia de Dios.

Hoy tenemos gente que clama por su presencia, que le consume ver su manifestación y que desea ver su gloria. Nosotros hemos visto parte de ella, pero el clamor de muchos *«davides»* es para que la siguiente generacion vea el templo con toda su gloria y magnificencia. Yo le pido a Dios que me encuentre vivo para no sólo verla sino gustar el Ministerio del Espíritu Santo como jamás generación alguna lo vivió.

David tenía una pasión y un enorme deseo por la presencia de Dios, pero lo hizo a su manera y fracasó, porque cuando él puso el Arca en bueyes y estos llegaron a la «era», tropezaron; y cuando Uza quiso detenerla, murió al instante (1 Crónicas 13.9,10). David fracasó y estuvo muy triste, porque lo hizo a su manera. Consultó con todos menos con Dios; fue buscando consejería con los más aventajados consejeros, pero se le olvidó el principal: Dios. Sus motivos eran correctos, pero él supuso que los métodos que usara no importarían; quiso hacerlo a su modo.

La iglesia quiere restaurar la presencia de Dios a través de sus fórmulas y métodos, pero si queremos seguir más adelante, lo debemos hacer a la manera de Dios y no a la nuestra.

Cuando veo a más de 20.000.000 de personas en la Ciudad de México, donde yo vivo, digo a Dios: «¡Señor, va a tener que ser con tu método, no con el nuestro; porque al paso que vamos llegaremos a ser la generación que tropieza en la "era"!»

Creo que Dios nos dice: «Pueden hacerlo a su manera, seguir teniendo un compromiso con el ministerio, haciendo las cosas en carros nuevos, como lo hizo David. Lo pueden hacer de un modo fácil y así querer seguir a su manera, pero si ustedes quieren mi presencia, la tienen que llevar en sus hombros, como lo hizo la generación que atravesó el Jordán y tomó la tierra. Mi presencia no puede ser llevada por programas, métodos, organizaciones u hombres; debe ser llevada en los hombros; el gobierno de la iglesia descansa sobre los hombros de aquellos que son ungidos por mi Espíritu.»

No es por fórmulas o métodos que se trae la presencia de Dios, ni por tocar muy bonito, aunque pienses que es celestial. La presencia tiene que ser cargada en hombros.

La gente de mi congregación no tiene problema de fluir en el Espíritu, y la presencia de Dios se hace palpable y hermosa cuando cantan, dirigen o predican; pero ellos no la llevan sobre sus hombros. No tienen la carga ni la responsabilidad delante de Dios. La presencia de Dios descansa sobre los hombros de sus siervos, los sacerdotes (Números 4.24-32), sobre los separados y consagrados para llevar la presencia de Dios.

1 Crónicas 13.8 nos dice:

> *«Y David y todo Israel se regocijaban delante de Dios con todas sus fuerzas, con cánticos, arpas, salterios, tamboriles, címbalos y trompetas.»*

Todo parecía ir bien; había fiesta y celebración, lo cual significa: reír, tocar, estar alegre; pero aun cuando todo era fiesta, no tenía la aprobación de Dios. David danzaba con todas sus fuerzas, había cánticos e instrumentos y Dios permitió, por poco tiempo, que su presencia fuera parte de ella.

No era una falsificación del Arca lo que David llevaba; había sido su deseo por años. Pero cuando llegaron a la «era de Quidón» (vv. 9,10) Dios trajo corrección, porque Uza trató de detener el Arca y en ese momento Dios lo hirió y murió allí, delante de Él.

¿Qué había sucedido, si todo parecía bien y había celebración, y la presencia de Dios parecía acompañarlos? Todo tiene un por qué.

Cuando llegaron a la «era», en un punto pacífico del viaje, parece que Dios dijo: «No puedo permitir que vayan más allá.» Los bueyes que llevaban el arca tropezaron en un lugar plano, ya que la «era» es un lugar plano donde se trilla el grano. Es curioso que, exactamente en este lugar plano, se tambalearan. El buey representa a la fuerza. Nosotros queremos usar nuestra fuerza. Vamos diciéndole a Dios: «Te voy a ayudar», y de pronto Dios destruye.

En 2 Samuel 6.7 dice que Dios hirió a Uza por causa de su irreverencia. Uza era hijo de Abinadab, y el Arca de Dios había pasado por lo menos sesenta años en su casa. Uza creció familiarizado con la presencia de Dios, tanto que cuando los bueyes empezaron a tropezar: no vio nada malo en extender su mano y detenerla. ¿Qué pasó? No hubo reverencia.

1 Crónicas 13,12 dice:

> *«Y David temió a Dios aquel día.»*

David aprendió una lección tremenda. El temor de Dios vino de pronto a él. Parecía que Dios le decía: «No te puedo dejar ir más adelante para cumplir mis propósitos hasta que no tengas el temor de Dios en tu vida.»

Creo que lo que Dios está diciendo a la Iglesia es:

> *«Deseo restaurar mi presencia en medio de mi pueblo, pero no puedo dejarte ir más adelante hasta que entiendas el temor a Dios, a odiar lo malo. Has tenido tus celebraciones y seguirás teniendo tus congresos, pero no tendrás mi presencia mientras no te alejes del mal.»*

Dios nos quiere llevar a un punto de maduración, desea llevarnos a algo más, porque la bendición de ayer no es suficiente para lo que tiene para el futuro. Él desea restaurar su presencia en nosotros para que la amemos y apreciemos con reverencia, y para que tengamos respeto cuando Él se llegue a manifestar.

Hoy la Iglesia tiene danzas y alabanzas con todas sus

fuerzas, mas no tiene la presencia de Dios. Tiene buena música y adoración, pero no la presencia de Dios. Tiene sus celebraciones, congresos, métodos y programas a más no poder, y la presencia de Dios no está. Parece que todo se establece según sus fuerzas, en carros nuevos. Parece que en estas últimas décadas nos caracterizamos por tener el Arca en casa, y no crecimos ni maduramos en temer a Dios y reconocer su presencia. Por eso digo que hay gente madura que no conoce absolutamente nada de su preciosa presencia.

> *¡Oh, Espíritu Santo! Ven y restaura tu ministerio, el ministerio de tu preciosa presencia. Anhelamos tu presencia. Afírmanos con ella para que temamos tu nombre (Salmo 86.11). Trae tu presencia de regreso a la Iglesia. Hazla sentir en nuestro corazón para que así, arrepentidos y convertidos, procedan de tu presencia tiempos de refrigerio.*

Regresando a la era de Quidón, tenemos que observar que la «era» es donde se trilla el grano. Lucas 3.17 nos dice:

> *«Su aventador está en su mano, y limpiará su era.»*

Creo que, precisamente, estamos viviendo un tiempo de trilla en el que Dios está limpiando su «era», para que su presencia venga a nosotros con mayor gloria. El Ministerio del Espíritu Santo se da en un campo de limpieza, de separación, no donde hay engaños, politiquerías, voluntad de la carne, pecado o corrupción. Dios no va a levantar a su Iglesia sobre este tipo de fundamento.

Cuando Salomón empezó a edificar la casa del Señor en Jerusalén, lo hizo en el monte Moriah, que era, precisamente, el lugar que David, su padre, había comprado a Ornán jebuseo. ¿Y dónde fue? En una era (2 Crónicas 3.1).

Este lugar le costó a David duras lecciones y un precio

alto, según 1 Crónicas 21.24: «Ni sacrificaré holocausto que nada me cueste», dijo David a Ornán. En ese momento, fuego descendió del cielo sobre el altar del holocausto, y el ángel que estaba destruyendo a Israel volvió su espada a la vaina.

Parece que las eras no se le iban a olvidar a David en todos los días de su vida, porque en ellas fue su tropiezo. Murió Uza por su irreverencia, pecó David de orgullo al censar a Israel, y se edificó la casa de Dios.

David pudo entender que la casa de Dios tendría que ser construida con reverencia, con un gran costo, con fuego del cielo, con ángeles desenvainando sus espadas para hacer separación, porque era el lugar de trilla, de limpieza y un lugar de acuerdo con sus métodos, no los de la fuerza del hombre.

La presencia de Dios va a venir sobre su casa a través del precioso ministerio del Espíritu Santo en estos días, para traernos el fuego del cielo, el temor a Dios; sus ángeles vendrán desenvainando sus espadas para limpiar y hacer separación.

La presencia de Dios trae siempre separación del pecado, del orgullo, corta la voluntad del yo, la carnalidad se acaba.

Algunos se están oponiendo a la manifestación de su presencia y Dios dice que te dejará seguir así por un tiempo, pero tarde o temprano tendrás que llegar al lugar de la era, donde Él trillará el grano, lo desmenuzará y limpiará para dar fruto. Lo tendrá que desnudar para que pueda producir.

Tal vez puedas seguir en un tiempo de ignorancia, pero tendrás que llegar exactamente a la era en el tiempo de Dios, y allí Dios te estará esperando, porque si quieres ir a su presencia no será con tus métodos sino con los suyos.

Cuando llegamos al capítulo 14 de Crónicas vemos eventos extraordinarios, de triunfos de David sobre sus enemigos, y cómo su fama se divulgó por todas aquellas tierras, y cómo el Señor puso el temor de David sobre todas las naciones.

¿Qué sucedió, si él había fracasado en el capítulo 13 de Crónicas? El deseo de David fue siempre la presencia de Dios y construirle un lugar, y nunca quitó el dedo del renglón.

Después de haber reconocido que no había consultado a Dios, seguramente reflexionó. Lo primero que hizo fue poner el Arca en la casa de Obed-Edom por tres meses, para ver qué iba a hacer con ella, dado que el temor de Dios había venido a él. En ese tiempo Dios bendijo a la familia de Obed-Edom y todo lo que tenía fue prosperado. Ha de haber sido difícil para esta familia cada día. ¿Qué hacer con la presencia de Dios a la que todo Israel temía? Obed-Edom obedeció, y cada día reverenció a Dios. Cuando la presencia de Dios está con uno en casa, toda la familia es bendecida. No hay maldición cuando uno tiene la presencia de Dios.

Pero déjame decirte qué pasó con David. Esos tres meses debió haber pensado cómo traer la presencia de Dios en la forma de Él y no en la suya. En el proceso sucedieron cosas interesantes:

Primero

El verso 8 nos relata que David había sido ungido como rey, e inmediatamente salió y peleó contra los filisteos, sus enemigos.

La unción provoca salir y pelear contra nuestros enemigos. Hoy la gente hace sus juegos de guerra espiritual, sin tener la unción. David esperó a que lo ungieran y después peleó. Jesús esperó a que el Espíritu Santo viniera sobre Él y lo ungiera para iniciar su ministerio. La iglesia en Pentecostés esperó la venida del Espíritu Santo con su poder para después salir a predicar el Evangelio. Hoy hacemos exactamente lo opuesto: queremos pelear, predicar, tener ministerios, pero no la unción. Ojalá entendamos que nos urge ser ungidos con el Espíritu Santo.

Segundo

El verso 10 nos dice que David consultó a Dios y en el 14 que volvió a hacerlo. Esto fue muy diferente a los capítulos 12 y 13, donde después de haber estado comiendo y bebiendo se le ocurre la idea de pedir consejo a su gente y no a Dios para ver la forma de traer el Arca de Dios.

A veces así sale la Iglesia con sus diferentes ministerios, a ministrar a la gente. Comen, beben, se deleitan en su propia sabiduría y luego se preguntan: «¿Por qué no se manifestaría Dios hoy?»

Es importante, si queremos ministrar a Dios a la gente, que aprendamos lo que aprendió David: consultar a Dios y volverlo a consultar en su presencia, para ver si uno va bien; no sea que Dios haya cambiado de rumbo en lo que Él desea hacer en este tiempo.

Hay gente que tiene la experiencia de sucesos pasados; se deja guiar por ella y aconseja con base en ella; pero en este tiempo, Dios ya tomó otro rumbo, es otro mover de su Espíritu Santo. A este tipo de gente Dios les pasó frente a sus ojos y no se dieron cuenta, porque confiaron en su fuerza, en su sabiduría y en su experiencia.

Tercero

En el verso 15 se nos revela, precisamente, lo que acontece en nuestros días. Dios le dijo a David:

> *«Y así que oigas venir un estruendo por las copas de las balsameras, sal luego a la batalla, porque Dios saldrá delante de ti y herirá el ejército de los filisteos.»*

Me encantan estas palabras que el Señor le dijo a David: «Cuando oigas venir un estruendo...» Precisamente eso está viniendo, un estruendo. Como en Pentecostés, en Hechos 2.2, que de repente vino del cielo un estruendo como de un viento recio que soplaba. Exactamente esto lo vivió David; él escuchó el viento por encima de las copas de las balsameras; era el Espíritu Santo pasando, moviéndolas de un lado a otro.

Así hoy puedo escuchar este viento. ¿Lo escuchas tú? Se oye por todos lados, por todos los rincones del Planeta está soplando, está pasando por encima. Son gloriosas las ocasiones cuando el Espíritu Santo pasa con su viento. A veces es recio, en otras delicado, pero Él pasa, y cuando pasa hiere a sus enemigos. He visto a muchos endemoniados retorcerse cuando este viento viene.

Fíjate que es estruendoso. Dice Hechos 2.6: «Y hecho este estruendo, se juntó la multitud; y estaban...»

- Confusos (v.6).
- Atónitos y maravillados (v.7).
- Atónitos y perplejos (v.12).
- Otros se burlaban (v.13).
- Otros ebrios (v.15).
- Otros profetizaban (v. 17).
- Jóvenes con visiones (v.17).
- Ancianos con sueños (v.17).
- Prodigios y señales en el cielo y en la tierra (v.19).
- Llenos de gozo (vv.26, 28).
- Gente compungiéndose de corazón y arrepintiéndose de sus pecados (vv.37, 38).

Todo esto sucedió porque oyeron el estruendo. Hay gente que en este tiempo quiere taparle los oídos a sus ovejas para que no escuchen este estruendo; pero se está oyendo, y es fuerte, y sé que será más fuerte en los años por venir.

Este es un gran estruendo. A veces no gusta, y uno puede caer en la burla. A la gente que criticó este movimiento del Espíritu Santo en estos años y se burló de su ministerio los he visto secos en su vida, a otros con luchas en su mente, con pensamientos depresivos, hasta el punto que pienso que algunos de estos son demoníacos; otros han venido a menos en sus ministerios. ¿Y todo por qué? Por burlarse del Ministerio del Espíritu Santo. No se burlaron del hombre sino de Dios.

Este estruendo fue una señal clara para que David saliera a la batalla. Le dio la seguridad de que Dios saldría delante de él y heriría al ejército de los filisteos. Para mí esto es una señal clara también de que debemos salir y predicar el Evangelio, es la señal para que reconozcamos que Dios va por delante.

Me ha tocado ver señales en el cielo cuando Dios nos visita con su presencia: es real, mi amigo amado en el Señor; y es de lo más emocionante. He visto cuando la gente inconversa o creyente que ha visto estas señales en el cielo corren al lugar donde hemos estado, no importa la distancia. En una ocasión, gentes a 10 km. de distancia vieron lo que sucedía en el cielo. Había una luz que descendió sobre el lugar, mostrándoles dónde se estaba manifestando su presencia. En otra ocasión la gente bajó de las montañas y llegó al día siguiente al lugar de reunión. ¿Cómo llegaron? Vieron las señales en el cielo.

David oyó el estruendo y vio las copas de las balsameras moviéndose. ¿Podrías tú hoy oír y ver el movimiento del Espíritu de Dios? Si es así, entonces es tiempo de salir, porque Dios va delante de ti: el Señor marcha en la tempestad y el torbellino (Nahum 1.3).

Este estruendo, producido por el Espíritu de Dios, va a ocasionar algo extraordinario. A David le produjo fama. Ahora está provocando la fama del Señor Jesucristo.

> *«Y el temor de Dios estará sobre todas las naciones.»*
>
> —1 CRÓNICAS 14.17, VERSIÓN LIBRE.

Esto es grandioso, porque vienen días donde el temor de Dios vendrá sobre cada pueblo, ciudad y país de esta tierra. Este mundo todavía no ha visto lo que nuestro Dios es capaz de hacer. Él levanta su mover de una manera tan estruendosa que nadie la podrá parar. Vienen días donde las copas de las balsameras de todo el mundo se moverán de un lado a otro por el viento del Espíritu. Algunos se doblarán, otros serán arrancados de raíz. Llegarán días en que veremos a Dios actuar a su manera, yendo delante de toda organización o estructura, y nadie podrá resistir el día de su visitación, ni podrá estar en pie cuando Él se manifieste (Malaquías 3.2).

La Iglesia estará en los encabezados de los periódicos, en primera plana. Se anunciarán por televisión las señales en el cielo y en la tierra, fuera de la comprensión humana. ¡Oh, sí! ¡Este mundo todavía no ha visto lo que nuestro Dios es capaz de hacer!

Una de las cosas que me he dado cuenta en cada mover del Espíritu Santo es que la gente que anhela su presencia o avivamiento, empieza a gustar de ella y de la manifestación del Espíritu Santo. También empieza a tener un vivo deseo de que el Señor venga pronto. Como que toma conciencia del pronto regreso del Señor Jesús, de una manera más fuerte que antes.

No dudo que en los próximos años la gente de Dios saldrá por todos lados, gritando, anunciando y pregonando de todas las formas posibles que la venida del Señor Jesucristo está cerca. Será como en los tiempos de Noé, que pregonó a su generación la lluvia que venía. Así nuestra generación proclamará no sólo la lluvia de la gloria de Dios que viene, sino el pronto regreso de nuestro amado Campeón Jesucristo.

Los «*noés*» se levantarán no para salvar solamente a unas cuantas personas, como le sucedió a él, sino que cientos y miles de personas serán introducidas al arca que es Cristo.

Cuarto

David se preparó para traer la presencia de Dios. En 1 Crónicas 15.3-12 se nos dice que David congregó a todo Israel para que pasasen el arca de Dios al lugar que él había preparado. Además, en el verso 12 les dice que se tienen que santificar tanto los principales padres de las familias como los levitas y sus hermanos. Por no haberlo hecho así la primera vez el Señor los quebrantó, pues no le habían buscado según su ordenanza (v. 13).

Ahora David había aprendido la lección, ya no era conforme a su idea, sino según las ordenanzas de Dios. Preparó a su gente y los mandó a santificarse; esta gente tenía que ser consagrada. Los levitas tenían que entender que si realmente querían la presencia de Dios, había un proceso que cumplir.

La Iglesia necesita prepararse para recibir mayores manifestaciones de la presencia del Señor, pero tenemos que buscar a Dios y preguntarle cómo debemos prepararnos. David preparó a Israel, a las familias y a los hombres que debían de cargar el Arca; ellos debían tener santidad, pureza, integridad y rectitud.

Dios está preparando a su pueblo y a sus hombres para el siguiente mover del Espíritu Santo, pero debemos entender que Él es un Dios de requerimientos. A veces tenemos un modo fácil de celebración y le preguntamos: «¿Por qué no podemos seguir así?» Y Dios dice: «No pueden porque yo tengo algo más grande para ustedes, pero se requiere de ciertas normas.» David tuvo que preparar un lugar, a la gente y a él mismo.

Después de que hizo todo esto, entonces fueron con alegría a traer el Arca del Pacto de Dios de casa de Obed-Edom (v. 25).

¡Qué hermoso que podamos así traer la presencia de Dios con alegría! No solamente había cantores, instrumentos de música, arpas y címbalos, sino que los levitas alzaron su voz con alegría (v. 16). Y cuando ellos levantaron el arca sobre sus hombros, el versículo 26 nos relata algo fabuloso:

> *«Y ayudando Dios a los levitas que llevaban el arca del pacto de Jehová...»*

Ahora vemos algo muy diferente. Es Dios actuando, ayudando para que tuvieran éxito. Yo quiero que Dios siempre me ayude: no quiero ser de los que están tropezando. Nada podemos hacer en nuestra fuerza. Él es quien lo debe hacer. Por eso Marcos 16.20 nos dice:

> *«Ayudándoles el Señor y confirmando la palabra con las señales que la seguían.»*

¡Qué gran diferencia existe cuando el Señor esta trabajando con nosotros! Parece todo tan fácil; es como ir en un bote en el mar, siendo llevado por el viento solamente. Así es cuando el viento del Espíritu sopla, trayendo su preciosa presencia a nosotros. No se siente la carga en los hombros; al contrario, es ligera y fácil de llevar.

Dios está buscando hombres que sepan cómo usar la presencia de Dios, cómo usar el viento del Espíritu Santo, cómo permitir al Espíritu de Dios moverse para traer su presencia.

Su presencia es muy diferente a los dones o ministerios. Cuando ella se hace presente todo parece cambiar. La música se escucha diferente, cualquier palabra dada es distinta, la alegría es diferente. Uno se puede encontrar como David, danzando a todo lo que da, sin importar las críticas de las «*micales*», o te puedes encontrar en una situación de éxtasis total, o recibir tu sanidad instantánea. A veces tus ojos se abren a la realidad espiritual, como el siervo de Eliseo, que al abrirse sus ojos vio al ejército de Dios a su alrededor, o puedes ver cómo los demonios huyen de las personas al no poder soportar la presencia de Dios.

Cuando la presencia de Dios se hace presente, es Él haciéndolo todo. No hay esfuerzo alguno del hombre. Es Dios y solo Él. Cuando llegas al lugar de su Espíritu, ningún esfuerzo humano es permitido, porque se encuentra un solo movimiento, y este es el del Espíritu Santo.

Conclusión

La excitación del Espíritu Santo sobre esta generación está trayendo una nueva frescura, un nuevo amor y una nueva pasión por las almas. Es un fuego que está ardiendo cada vez más fuerte sobre la iglesia. Comenzó en la década de los noventa, cuando el Espíritu Santo revoloteó una vez más sobre su nido, como lo hizo en los avivamientos de siglos pasados. Su aleteo ha provocado que mucha gente salga de su letargo espiritual. Tal parece que la Iglesia está despertando una vez más a la realidad de su presencia, recobrando la fe para creer que lo que dice la Palabra de Dios no sólo es teoría sino que es real y funcional, tal como Él ha prometido.

Como el águila que excita su nidada y revolotea sobre sus polluelos, así el Señor está obrando el día de hoy. Con un fuerte ruido, como Ezequiel oyó en el valle de los huesos secos. En verdad este revoloteo está provocando «ruido». Por todas partes se oye que el Espíritu Santo ha movido sus alas y que el viento provocado al hacerlo está dando que hablar, como hace tiempo no sucedía.

Lo curioso de esto es que es por todo el mundo. Dios no lo está haciendo en un solo país, ni tampoco está ungiendo a un sólo hombre privilegiado, sino que por muchas partes Él está derramando su unción. Este nuevo mover de Dios se puede concebir y transmitir. Se está propagando más fuerte de lo que se hubiera pensado.

Creo también que es el principio de un viento que se

hará cada vez más poderoso, hasta levantar un ejército valiente, como lo vislumbró Ezequiel.

Por otra parte, la Iglesia no puede seguir en el estado en que se encuentra. Dios tiene que hacerle entender que Él no se detiene, que sigue moviendo sus preciosas alas para provocar que sus polluelos salten del nido y empiecen a volar en las alturas que Él desea.

Es un nuevo y glorioso día para los creyentes en Cristo, es un nuevo amanecer con un nuevo mover del Espíritu Santo sobre la iglesia actual. Nos está permitiendo ver lo que otros, en épocas pasadas, disfrutaron. Así como en aquellos tiempos la mente natural no entendió ni discernió las cosas del Espíritu, así también está sucediendo en el día de hoy.

Es importante notar que no debemos hacer una doctrina o dogma de la forma en que Dios se está moviendo actualmente. Ya que Dios no es estático, Él puede cambiar su manera de moverse en cada época y lugar.

Si eres de las personas que no entiende o no quieren fluir en este mover de Dios, se me ocurre que la mejor postura que puedes tomar es la de no criticar ni juzgar.

Su excitación está trayendo pureza, rectitud y valor para los días por venir, y así como Él no dejó a aquellas generaciones de otros avivamientos sino que, tomándolos en sus alas, los guió, así hará con los que deseamos ver su gloria sobre esta tierra.

Es tan fuerte el aleteo del Espíritu Santo que quita la indecisión. Los polluelos no pueden estar más en el nido por lo fuerte del viento, y tienen que decidirse.

Hoy el conformismo está siendo quitado de aquellos que han gustado de la presencia del Señor, provocando que la unción recibida no se encajone ni se guarde, sino que se dé a otros.

Además, los que hemos recibido este maravilloso movimiento no podemos quedarnos con él: tiene que salir y darse a conocer al inconverso. Se tiene que obedecer la orden del Señor Jesucristo:

> *«Id por todo el mundo y predicad el evangelio a toda criatura.»*
>
> —Marcos 16.15

Esta presencia de Dios se recibe, se gusta, se disfruta y después se comparte. Fracasaríamos si no aprovechamos esta gran oportunidad de compartir de Jesucristo a otros.

No dejo de maravillarme cuando veo a la gente pidiendo ser salvos, suplicando que los guiemos para recibir al Señor Jesús en sus corazones. Lo he compartido en mi congregación y lo seguiré diciendo: esto es lo que más me agrada: cuando el Espíritu Santo los redarguye y los convence, haciéndoles pedir misericordia.

Cuando Jonathan Edwards dio su conferencia titulada: «Pecadores en manos de un Dios airado», fue tan poderosa que la gente gritaba, cayendo al piso, que no querían ir al infierno. Se agarraban de los postes de la iglesia y con gran clamor pedían piedad. Esto mismo es una realidad en la actualidad, e irá en aumento en los días por venir.

El Espíritu Santo se moverá tan fuerte redarguyendo los corazones que nos quedaremos maravillados de las multitudes que vendrán a los pies del Señor. Los prodigios y señales serán tan fuertes que no podremos permanecer en pie por lo sorpresivo que serán.

Lo que hoy está sucediendo es sólo el principio de algo más fuerte. Si te dijera que conozco jóvenes que dirigen la alabanza que han visto ángeles y los han oído cantar (ellos han anotado estos cantos), ¿lo creerías?

No tengo la menor duda de que esto es sólo un poco de lo mucho que veremos y oiremos en los días por venir.

Si nuestros niños hoy escuchan ángeles, caen al piso tocados por el Espíritu Santo y les viene el gozo del Señor, así como la saturación de su vino, ¿qué será cuando sean más grandes? Ellos están creciendo con algo que debe ser lo normal para el creyente.

Es un nuevo amanecer, tan alentador dentro del cristianismo que excita hasta las entrañas, provocando dolores como de parto, tan intensos que hará volver a la vida a mucha gente que tiene una sed genuina de Dios; almas que no se contentan sólo con teorías bíblicas, sino que desean la manifestación gloriosa de Dios. Son cada vez más los anhelantes de su presencia, los que desean su increíble dulzura por sobre todas las cosas.

Hoy hay grandes institutos bíblicos, magníficos dirigentes de alabanza, así como buenos maestros de la Palabra; la organización es excelente, pero hay algo que hace falta: la presencia de Dios.

¡Oh, precioso Espíritu Santo! ¡Ven, te lo suplico, y llena nuestro ser con tu vida! Deseo vivir cada instante bajo la sombra de tus alas, cubierto de tu presencia. Quiero vivir tan lleno de ti que no desee nada que no esté relacionado contigo. Guíame sobre tus alas para que así me regocije en las alturas de tu santidad. Sé tú mi heredad, mi preciosa posesión. ¡Ven, te lo suplico en el Nombre de Jesús!

Sobre tu nido revolotea cada vez más fuerte, de tal manera que todos podamos movernos por el aliento de tu vida. Hazme depender todos los días de ti, de tal manera que jamás pueda caer en los lazos de la lógica falsa, la cual dice que si ya tienen a Dios, no necesitan buscarlo.

Te anhelo con todo mi ser, y este no descansará hasta que sea semejante a ti.

¡Ven, Espíritu Santo! Me uno a ti para decir juntamente contigo: «Ven, Señor Jesús»!

Si usted desea tomar contacto con
el MINISTERIO ALCANCE INTERNACIONAL
o el pastor FERNANDO SOSA,
en la ciudad de México, D.F.
puede llamar al
teléfono 525-360-3436
o al fax 525-360-3498

IGLESIA PARA NIÑOS
¡Este material está cambiando el ministerio de los niños alreadedor del mundo!
Iglesia
para niños
es
#1
CROSS